네덜란드

NETHERLANDS

셰릴 버클랜드 지음 · 임소연 옮김

세계의 **풍습과 문화**가 궁금한
이들을 위한 **필수 안내서**

★ 세계 문화 ★
여행

네덜란드
NETHERLANDS

시그마북스
Sigma Books

세계 문화 여행 _ 네덜란드

발행일 2020년 5월 20일 초판 1쇄 발행
지은이 셰릴 버클랜드
옮긴이 임소연
발행인 강학경
발행처 시그마북스
마케팅 정제용
에디터 장아름, 장민정, 최윤정
디자인 최희민, 김문배

등록번호 제10-965호
주소 서울특별시 영등포구 양평로 22길 21 선유도코오롱디지털타워 A402호
전자우편 sigmabooks@spress.co.kr
홈페이지 http://www.sigmabooks.co.kr
전화 (02) 2062-5288~9
팩시밀리 (02) 323-4197
ISBN 979-11-90257-38-1 (04900)
　　　 978-89-8445-911-3 (세트)

네덜란드전도

서 프 리 지 아 제 도

바 덴 해

서프리지아 제도

흐로닝언주

흐로닝언

레이우아르던

프리슬란트주

드렌터주

에먼

자 위 더 르 해

노르트홀란트주

에 이 설 호

마르케르호

플레볼란트주

이 설 강

오베레이설주

북해

잔스타트

하를럼

암스테르담

엔스헤더

위트레흐트주

아펠도른

헬데를란트주

헤이그

위트레흐트

아메르스포르트

자위트홀란트주

아른험

로테르담

네이메헌

라 인 강

노르트브라반트주

틸뷔르흐

무 스 강

제일란트주

에인트호번

독일

림뷔르흐주

벨기에

마스트리흐트

차 례

네덜란드인들은 뛰어난 조직력, 상업적 감각, 친절함, 실용주의, 관용, 공정함으로 유명하다. 또 과거부터 끊임없이 국토를 위협하며 범람하는 바닷물과 치열한 전쟁을 벌여왔고, 그 덕분에 세계 최고 수준의 수공학으로 전 세계에서 인정받고 있다. 네덜란드가 세계 최강국으로 군림했던 17세기, 이 작은 해양 강국은 유럽과 세계의 문화 및 과학의 발전을 이끌었고 현대의 초석을 닦았다.

이 책은 다양한 각도에서 네덜란드인들의 삶을 살펴봄으로써 그들의 숨겨진 내면과 복잡미묘한 문화를 소개한다. 네덜란드 사회가 무엇에 가치를 두는지, 사람들은 어떤 가치관과 사고방식을 가지고 살아가는지, 비즈니스는 어떤 방식으로 이루어지는지 등의 내용을 통해 네덜란드인과의 개인적, 업무적 교류에 있어 필요한 통찰력과 실용적 조언을 건넨다. 네덜란드인들의 삶에 대한 일반적 관점은 개인의 경험과 사례를 통해 설명했고 지리, 정치, 정부에 대한 배경정보도 실었다. 이 책에서 중요한 부분은 네덜란드 역사를 간략하게 설명한 부분으로, 역사와 지금의 문화는 떼려야 뗄 수 없이 밀접한 관계를 가지고 있다.

이 밖에도 네덜란드 여행, 숙박, 축제에 대한 정보도 실었다. 이 책의 차례를 참조해 특별히 관심이 가는 내용을 먼저 찾아봐도 좋고, 책의 첫 장부터 마지막 장까지 차근차근 읽어가며 전반적인 내용을 살펴봐도 좋다.

역사학자 사이먼 샤마는 그의 저서 『The Embarrassment of Riches』에서 '네덜란드 문화 속에는 많은 방이 있다. 그 방들은 네덜란드 문화라는 일관성을 가지고 다양한 변주를 보여준다. 이런 퍼즐은 보는 자체로 즐겁고 배울 거리도 넘친다'라고 말했다. 이 책을 통해 부자나라, 네덜란드를 더 깊이 이해할 수 있는 기회가 되기를 바란다.

기 본 정 보

공식명칭	네덜란드 왕국(Kingdom of the Netherlands)	
수도	암스테르담	
주요 도시	헤이그, 로테르담, 위트레흐트, 마스트리흐트	
면적	4만 1,528㎢(대한민국의 약 0.4배)	
통화	유로,(€, 2002년 1월 1일부터 사용)	
기후	온대기후	
인구	1,715만 명	
민족구성	네덜란드인 78%, 기타 22%	약 12%는 터키인, 모로코인, 수리남인, 앤틸리스인 등 비서유럽계 인구로 구성됨
종교	무교 44%, 천주교 29%, 개신교 19%, 기타 8%(이슬람교 6%, 힌두교 1%, 불교 1%)	
언어	네덜란드어, 프리지아어	네덜란드령 앤틸리스 제도에서는 영어와 파피아멘토어도 씀
정부	입헌군주제 국가, 국가원수는 국왕이 맡고 정부수반은 총리가 맡으며 행정구역은 12개 주로 이루어져 있음	
언론매체	네덜란드 방송공사(NOS)가 전국 TV와 라디오 방송망을 총괄 감독함. 이 밖에도 다양한 TV와 라디오 공영방송 및 케이블 채널을 운영하고 있음	다양한 전국지와 지역신문 및 잡지가 있음
영문매체	주요 철도역, 신문가판대, 서점에서 영자신문을 구입할 수 있으며 외국인과 사업가를 위한 '네덜란드어-영어' 출판물도 있음	
전압	230V, 50Hz	
인터넷 도메인	.nl	
전화	국가번호 31	일반전화로 걸 때(국제전화번호+31+맨 앞 0을 생략한 지역번호+전화번호) 휴대전화로 걸 때(국제전화번호+31+맨 앞 0을 생략한 휴대전화번호)
시간	중부 유럽 표준시 사용(한국보다 8시간 느림)	매해 여름 서머타임을 실시하면 한국보다 7시간 느림

01

영토와 국민

네덜란드는 국토의 대부분을 차지하는 저지대로 바닷물이 범람하는 것을 막기 위해 오랫동안 물과 싸웠으며, 이런 물과의 전쟁은 네덜란드 하면 떠오르는 특징과 사회의 독특한 특성을 형성하는 데 큰 영향을 미쳤다. 또 무엇이든 깔끔하게 정리하기를 좋아하는 네덜란드인들의 성향은 물길을 내어 땅을 바둑판 형태로 나눈 것에서도 확인할 수 있다.

네덜란드는 유럽대륙의 서북쪽 해안 지방에 위치하고 있다. 나라를 구성하는 12개 주 중 '홀란트' 지역의 이름을 따서 부르기도 한다. 국토면적은 4만 1,528km²(대한민국의 0.4배)로 높은 인구밀도를 자랑하며 북부 지역 인구밀도가 가장 낮다. 1,715만 명의 인구 중 대다수는 서부 지역에, 그중에서도 대도시권에 집중적으로 거주하고 암스테르담, 로테르담, 헤이그, 위트레흐트 등을 잇는 지대를 네덜란드어로 '란스타트(집합도시)'라고 부른다.

네덜란드는 지난 수백 년 동안 바다와 전쟁을 치러왔다. 국토의 대부분을 차지하는 저지대로 바닷물이 범람하는 것을 막기 위해 필사적으로 노력했고, 물과의 전쟁은 네덜란드 하면 떠오르는 특징과 사회의 독특한 특성을 형성하는 데 큰 영향을 미쳤다. 네덜란드인들에게 물은 적이나 마찬가지였지만 잘 다스리면 그들을 돕는 동지가 되기도 했다. 또 네덜란드는 해양 국가로서 다른 나라와의 무역을 위해 일찍이 바다로 나가 항해를 시작했다. 강과 운하로 이루어진 수로망은 오래전부터 수송과 방위에 이용되었고 최근에는 여가활동에 더 많이 이용되고 있다.

네덜란드에 대한 세간의 평가는 다양하다. 혹자는 마약, 매춘, 동성애, 안락사 등에서 보이는 네덜란드의 진보적 태도를 근거로 네덜란드는 '무엇이든 가능한 나라'라고 생각한다. 여러 네덜란드 법이 매우 진보적인 성향을 지닌 것은 사실이지만 이는 일부의 가치관만 보여줄 뿐이다. 또 혹자는 네덜란드의 관용, 정의구현정신, 인권존중을 높게 평가하기도 한다. 이역시 네덜란드 문화를 구성하는 중요한 요소이지만, 복잡다단한 오늘날 네덜란드 사회의 일면만을 보여준다는 것을 명심해야 한다.

지형

네덜란드는 동쪽으로는 독일, 남쪽으로는 벨기에와 접하며 서쪽과 북쪽은 북해와 접해 있다. 국토면적은 우리나라 0.4배 정도의 작은 나라이다. 유럽을 대표하는 3개의 강인 라인강, 마스강, 스켈트강 하구에 위치하여 '낮은 땅'이라는 뜻의 '네덜란드'라는 이름을 얻게 되었다. 네덜란드의 별칭인 '홀란트'역시 '푹 꺼진 땅'이라는 뜻을 가지고 있다.

　해안선은 총 425km에 달하며 국토의 1/4 이상이 해수면보

다 낮고 나머지 3/4은 해수면 수준이거나 그보다 약간 높아서 오랫동안 홍수는 네덜란드를 위협하는 최대의 자연재해였다. 네덜란드에서 가장 낮은 곳은 해수면보다 6.7m 낮은 쥬드플라 느폴더이다. 이처럼 네덜란드는 자연을 통제하고 바닷물의 범람을 막기 위해 끊임없이 사투를 벌여왔고 이 덕분에 수공학이 세계 최고 수준으로 발전했다.

네덜란드인들은 홍수를 막기 위해 전 국토에 걸쳐 제방을 쌓았다. 그중 최대 규모를 자랑하는 아프슬라위트다이크는 그 길이가 무려 32km에 이른다. '폐쇄된 제방'이라는 뜻의 아프슬라위트다이크는 1930년대 초반 완공되었으며 제방 위로 난

도로는 노르트홀란트주와 프리슬란트주 사이를 가로지른다. 이 제방이 세워지면서 북해 입구에 위치한 염해였던 자위더르해는 담수화되어 에이설호가 되었고 이 에이설호의 일부 땅은 간척지로 만들었는데, 이곳이 바로 지금의 플레볼란트주이다. 또 네덜란드 서남부에 위치한 제일란트주는 주요 삼각주 지대로, 1980~1990년대에 거대한 댐과 다리 등을 건설하는 델타워크라는 사업을 시행해 이 지대의 수위를 조절하여 홍수를 막아준다.

대다수가 네덜란드의 지형은 평평하고 특색이 없을 것이라고 생각하지만 꼭 그렇지마는 않다. 서북부 해안에 있는 모래언덕과 저지대는 중부의 수풀이 무성한 위트레흐트의 산등성이로 이어지고 동부에는 모래땅이 펼쳐진다. 삼림이 우거진 교외 지역은 노르트브라반트주와 헬데를란트주에 집중되어 있고 헬데를란트주와 드렌터주에는 야생화가 만개하는 황야 지대도 있다.

동남부에 위치한 림뷔르흐주 국경에는 고원이 있는데, 이곳에 위치한 네덜란드에서 가장 높은 지대인 팔제르베르크의 높이는 해발 321m에 불과하다. 또 네덜란드 북부의 바덴해 연안은 수심이 낮은 것으로 유명하다. 매년 일정 시기가 되면 가이

드의 안내에 따라 썰물시간에 육지부터 특정 섬까지 갯벌 걷기 투어를 할 수 있다(169쪽 참조). 네덜란드는 지역마다 서로 다른 토착 동식물이 서식하며 영토 전체에 걸쳐 자연보호구역이 지정되어 있다.

비행기를 타고 네덜란드에 도착하는 사람은 상공에서 내려다보이는 네덜란드의 두 가지 모습에 놀랄 것이다. 첫 번째는 네덜란드 땅에 물이 아주 많다는 것, 두 번째는 네덜란드 땅이 규칙적인 바둑판 형태라는 것이다. 네덜란드인들은 무엇이든 깔끔하게 정리하기를 좋아하는데, 이런 성향은 물길을 내어 땅을 바둑판 형태로 나눈 것에서도 확인할 수 있다.

비행기에서 내려 지상으로 나온 뒤에는 시시각각 변하는 빛에 놀랄 것이다. 네덜란드에서 유명한 풍경화 화가가 많이 나온 사실은 결코 우연이 아니다. 그리고 네덜란드 곳곳에는 여전히 많은 풍차가 남아 있는데, 과거 풍차는 바람을 이용해 저지대의 물을 퍼내는 도구로 사용되었지만 오늘날 풍차는 네덜란드의 매력적인 관광명소로 활용되고 있다.

기후

네덜란드는 온난다습한 해양성 기후를 보이며, 여름은 서늘하고 겨울은 온난하지만 1~2월 사이 한파가 찾아오기도 한다. 기온이 떨어지고 운하가 꽁꽁 어는 날이면 네덜란드인들은 스케이트를 꺼내 운하로 나온다. 이 시기의 하늘은 청명하고 햇살이 밝아 많은 사람이 야외에서 즐거운 시간을 보낸다. 열기구를 타고 멋진 전경을 즐기는 사람도 많다.

앞으로 네덜란드에 갈 계획이 있다면 어떤 계절이든 우산과 방수가 되는 옷을 챙기는 것이 좋다. 봄, 여름, 가을, 겨울 계절에 상관없이 비가 자주 내리기 때문이다. 이런 이유로 네

덜란드에서는 쨍하게 해가 뜰 기미만 보여도 카페테라스에 탁
자와 의자가 재빠르게 놓인다.

역사

오늘날의 네덜란드 사회를 이해하기 위해서는 과거를 알아야
한다. 네덜란드 역사를 시대별로 간략히 간추리고 큰 영향력
을 미친 인물도 함께 소개했다.

【 초기 】

네덜란드의 초기 정착민은 15만여 년 전 중부 지역의 언덕에
자리를 잡고 수렵과 채집을 하며 살았다. 그러던 중 마지막
빙하기가 찾아오자 사람들은 살던 땅을 떠났고 기원전 9,000년
즈음이 되어서야 다시 돌아왔다.

철기시대(기원전 750년경)에는 사람들이 더 낮고 더 비옥한 지
대에 정착하기 시작했다. 땅이 낮아 홍수가 발생할 위험이 높
았기 때문에 정착민들은 둔덕을 만들어 그 위에 주택을 짓고
농장을 형성해 살았다.

줄리어스 시저가 네덜란드 땅을 정복하기 위해 나섰던 당시, 네덜란드 북부 지역에서는 게르만족이 켈트족을 남쪽으로 밀어내고 살고 있었다. 로마인은 기원전 57년부터 기원후 406년까지 라인강 남쪽에 위치한 켈트족의 땅을 지배했고 무역을 통해 북부 지역의 게르만족에 영향력을 행사했다.

로마인은 제방을 쌓아 홍수를 막으려 했지만 네덜란드 서부 지역은 늘 범람하는 바닷물로 인해 홍수 피해를 겪었고, 결국 사람이 살 수 없는 토탄 늪지가 되었다. 5세기 초, 네덜란드 북부 지역에 적들이 공격해 들어오고 고향 로마제국의 정세도 불안정해지자 406년 로마군은 라인강을 따라 쌓은 요새를 버리고 로마로 철군했다.

로마군이 떠나자 게르만 문화가 융성하기 시작했다. 프리지아족은 남쪽으로 세력을 넓혔고 동부에는 색슨족이 침입, 정착하였으며 프랑크족은 라인강과 마스강 남부 지역을 차지했다. 6세기 초, 프랑크족은 현재 프랑스 일대를 이르는 갈리아 땅과 북부 이탈리아 지방을 지배했다. 당시 프랑크 왕국의 왕이었던 클로비스 1세는 기독교로 개종을 했는데, 8세기 즈음이 되자 전 프랑크 왕국이 기독교화되었다.

800년, 로마의 교황 레오 3세는 프랑크 왕국의 왕이었던 샤를마뉴에게 로마황제의 관을 씌어주었다. 황제가 된 샤를마뉴는 네덜란드에 자기 휘하의 귀족과 왕자를 보내어 법을 집행하고 세금을 징수하게 했고 군대를 통솔할 수 있는 권한도 주었다. 그리고 그들에게는 상기 임무를 수행하는 대가로 영토와 여러 특권이 주어졌다.

네덜란드 내 귀족 세력은 점점 더 강력해졌다. 814년, 샤를마뉴가 세상을 떠날 즈음에는 네덜란드 내 프랑크 왕국의 중앙권력이 미치는 영향력은 미미했으며 그 대신 부유한 지역의 귀족들이 독립적으로 지역을 실질 통치했다.

9~12세기까지 네덜란드는 프랑스나 독일 왕국에 속하지 않고 신성로마제국의 행정구역에 속했다. 850년 이래 혼란한 상황을 틈타 스칸디나비아의 바이킹 습격이 자주 일어났으나 11세기에 들어서면서 완전히 사라졌다.

【 중세 】

925년, 현재 네덜란드를 구성하고 있는 전 지역이 신성로마제국에 통합되었다. 규모가 작은 나라들을 통합한 공국도 탄생했다. 영주의 세력은 점점 강해졌고 현재 네덜란드의 주를 이루는 지역이 형성되었다.

15세기에 들어서자 무역으로 번성한 상업도시가 생겨나기 시작했고, 이 도시들은 보통 소수의 상인조직이 자치했다. 그중 일부는 북해와 발트해 연안에 위치한 도시들이 자신의 상업적 이익을 보호하기 위해 만든 한자동맹에 가입하기도 했다. 이렇게 번성한 네덜란드 상업도시의 시민들은 정치와 경제에 강력한 영향력을 행사했다.

그리고 15세기에는 현재 벨기에, 네덜란드, 룩셈부르크에 해당하는 저지대 국가들은 부르고뉴 공국의 지배 아래 놓였다. 1464년, 부르고뉴 공국의 필립 공이 저지대를 통일하려 움직이자 이에 반발한 각 지역 대표들이 브뤼셀에 모여 최초의 스타텐헤네랄이라는 의회를 설립했고, 이후 스타텐헤네랄은 지역 연정에 한 축이 되었다.

【 종교개혁 】

16세기, 신대륙의 발견으로 경제의 중심이 지중해에서 유럽대륙의 서부 해안 국가로 옮겨가면서 네덜란드는 강국으로 부상했다. 그리고 개신교는 네덜란드의 귀족과 상인계층으로 그 세

력을 확장했다. 한편 르네상스시대 인문학자였던 로테르담의 에라스뮈스는 유럽 전체에 걸쳐 가톨릭교회의 영적 생활과 교리 교육에 지대한 영향을 미쳤다.

같은 시기 아우구스티누스 수도회의 마틴 루터는 교회의 권위에 도전하여 종교개혁을 일으켰고, 이후 한동안 구교와 신교 사이의 종교전쟁이 지속되었다. 프랑스에서 추방당한 종교개혁가 장 칼뱅은 기독교도의 엄격한 생활준칙을 만들고 이를 바탕으로 제네바에서 신정정치를 펼쳤다.

종교개혁 직전 스페인 왕위에 오른 합스부르크 왕국의 카를 5세는 1530년 신성로마제국의 황제로 즉위했다. 당시 정치적, 종교적 위기 가운데, 카를 5세는 굳건히 교황을 지지했고 네덜란드에 종교재판소를 세워 이단을 색출하고 처벌했다. 1555년, 카를 5세는 아들이었던 펠리페 2세에게 네덜란드의 16개 주를 양위하고 왕위에서 내려와 수도원으로 물러났다.

펠리페 2세는 당시 개신교층이 두터웠던 네덜란드의 귀족 가운데 몇 명을 임명해 지역의 통치를 맡겼지만, 그들과 논의

없이 독단적으로 의사결정을 내
리는 경우가 점차 많아졌다. 또
펠리페 2세는 멀리 스페인에서
네덜란드 현지의 이해관계나 전
통은 고려하지 않고 고압적인 통
치를 펼쳤다. 그는 경제위기 가운
데서도 무거운 세금을 부과하고
무역을 규제했으며, 그의 아버지
였던 카를 5세보다 더 무자비하
게 개신교도를 탄압했다.

그럼에도 불구하고, 아니 어쩌면 이 때문에 사람들은 더욱
개신교에 열광했고 융통성 없는 금욕을 강조하는 칼뱅주의*
가 루터교**보다 더 큰 인기를 끌었다. 그러다 1556년, 하급 귀
족 400명이 처우 개선을 요구하며 서명한 청원서를 스페인에
전달했는데, 스페인 참모 중 한 명이 그들을 '괴젠(거지)'이라고
부르며 비꼬는 일이 벌어진다. 하지만 하급 귀족들의 탄원이
일정 정도 받아들여지자 거지라는 모욕적인 칭호를 기꺼이 받

---

* 16세기 프랑스의 종교개혁가 장 칼뱅으로부터 발단한 기독교 사상이다. ─옮긴이

** 마틴 루터의 종교개혁에서 시작된 성서 중심의 교파이다. ─옮긴이

아들였다. 이 일이 있고 얼마 뒤 칼뱅주의자와 재세례파*는 네덜란드 전역의 가톨릭교회를 습격해 '거지들이여, 영원하라'를 외치며 교회의 성상과 예술작품을 파괴했다.

오라녀나사우 가문의 오라녀 공 빌럼 1세는 홀란트, 제일란트, 위트레흐트의 영주이자 안트베르펜의 후작이었다. 스페인의 중앙집권적 통치와 종교 박해에 설 자리를 잃어가던 오라녀 공은 1567년 스페인 왕 펠리페 2세에 대한 무조건적인 복종서약을 거부하고 칼뱅주의자 무리와 함께 나라를 떠나 스페인에 저항했다. 이에 대응해 펠리페 2세는 무자비함으로 유명한 알바 공이 이끄는 군대를 네덜란드에 보냈다. 알바 공은 공포정치를 시행해 수천 명의 반군을 처형했다.

【 바다의 거지단 】

자기 목소리를 좀처럼 내지 않고 침묵한다고 해서 '침묵 공'이

---

* 16세기 유럽의 하층민 사이에서 생겨난 급진적인 기독교도로, 유아세례를 인정하지 않고 다시 세례를 베풀었다 하여 붙여진 이름이다. – 옮긴이

라고도 불리던 오라녀 공은 독일에서 군대를 일으키고 스페인으로부터 네덜란드를 독립시키기 위해 여러 차례 전쟁을 시도했지만 지상전에서는 쓰디쓴 패배를 맛보았다. 하지만 그는 포기하지 않고 소위 '바다의 거지단Watergeuzen'이라 불리던 사략선단을 결성해 해상에서의 전투를 계속해나갔다. 이 사략선단은 영국의 은밀한 지원을 받으며 스페인과 네덜란드를 오가는 상선을 습격했다. 오라녀 공은 공동의 적인 스페인에 맞서 네덜란드와 개신교, 가톨릭을 단합시키고자 노력했다. 1572년, 바다의 거지단은 브리엘항을 함락한 뒤 그곳을 거점으로 스켈트강 어귀 전체를 지배했고 안트베르펜으로 진군할 방법을 모색했다.

[네덜란드 연방 공화국]

1579년, 스페인에 반기를 들었던 네덜란드 북부의 7개 주 수장들은 위트레흐트동맹을 결성하고 네덜란드 독립에 중요한 주춧돌이 된 연합주를 만드는 데 모두 동의했다. 같은 해 펠리페 2세는 알렉산더 페르네세를 총독으로 임명했고 그는 가톨릭이 우세했던 남부와 동부 지역을 통합해 스페인에 힘을 보탰다. 1581년, 네덜란드 북부 7개 주는 스페인으로부터 독립을 선언하고 네덜란드 연방 공화국을 세운 뒤 오라녀 공을 초대 국가원수로 추대했다. 하지만 1584년, 오라녀 공은 스페인이 매수한 가톨릭교도에 의해 암살을 당하고 만다. 오라녀 공이 세상을 떠난 뒤에도 반스페인 세력은 오라녀 공의 아들 마우리츠와 정치가 올덴바르네벨트의 지휘 아래 빼앗겼던 영토를 되찾았다.

네덜란드의 독립전쟁은 1648년 스페인이 베스트팔렌조약에 서명하여 네덜란드 연방 공화국의 자주권을 인정하면서 종식되었다. 끝까지 스페인에 충성하던 남부 가톨릭 지역은 훗날 벨기에가 된다. 한편 독립전쟁 중 당시 더 발전되어 있었던 남부 지역의 10% 정도 인구는 북부의 주로 이주했다.

【 황금기 】

17세기, 네덜란드는 세계 최고의 무역국으로 부상했다. 강력한 해상력을 바탕으로 방대한 해외의 영토를 정복했고 암스테르담은 안트베르펜의 뒤를 이어 국제적인 무역 거점으로 발전했다.

경제가 발전하면서 문화도 부흥했다. 이 시기 네덜란드에서는 위대한 학자, 철학자, 법학자, 은행가, 공학자, 과학자가 다수

배출되었다. 1625년, 네덜란드의 인문
학자 겸 법학자였던 그로티우스는 저
서 『On the Law of War and Peace』
를 집필하며 국제법의 토대를 닦았
고, 자유해론과 국제무역법에 대해서
도 저술했다. 렘브란트, 프란스 할스,
스테인, 베르메이르 등의 화가들은 회화의 고전주의를 타파하
고 세상을 바라보는 새로운 시각을 제시했다.

네덜란드는 새로운 아이디어, 기술, 역량, 자본, 기업을 배출
하며 세상에 변화를 가져왔고 유럽대륙 전체의 현대화를 앞당
기는 데 크게 일조했다.

네덜란드 공화국의 경제가 폭발적으로 성장한 데는 거대 무
역회사의 설립이 크게 기여했다. 1602년 설립된 네덜란드 동인
도회사는 자사 소유의 상선을 방어하기 위한 전투선박은 물
론, 식민지와 정착지 보호를 위한 자체 군대도 보유하고 있었
다. 1621년 설립된 네덜란드 서인도회사는 주로 미국에 있는
대형 농장으로 아프리카의 흑인 노예를 송출하는 일을 했다.
또 네덜란드는 네덜란드령 동인도(인도네시아), 네덜란드령 기아
나, 남미의 동북 해안(수리남), 카리브해의 네덜란드령 앤틸리스

제도, 아프리카 최남단의 희망봉 등 방대한 식민지를 구축했다. 한편 1600년대 초, 영국과 네덜란드는 경제패권을 두고 다툼을 벌여 1652~1654년과 1664~1667년 동안 영란전쟁이 벌어졌다.

【 뉴욕과 네덜란드 】

1609년, 네덜란드 동인도회사의 의뢰를 받은 영국인 탐험가 헨리 허드슨은 인도로 가는 서쪽 항로를 찾다가 지금의 뉴욕만과 허드슨강에 상륙했다. 네덜란드는 그 땅을 자국의 영토로 삼고 식민지를 세운 뒤 훗날 서인도회사가 관리할 '뉴암스테르담'이라는 이름의 교역소를 세웠다. 하지만 1664년, 2차

영란전쟁 중 네덜란드는 뉴암스테르담을 영국에 넘겨주고 그 대가로 수리남을 받는 실수를 한다. 뉴암스테르담의 새 주인이 된 영국은 요크 공작의 이름을 따서 그 땅에 '뉴욕'이라는 새로운 이름을 붙여주었다.

1648년, 스페인과 조약을 체결한 뒤 네덜란드 공화국에서는 지도자 빌럼 2세와 공화국을 구성하는 각 주의 지도자들 사이에 세력 다툼이 일었다. 빌럼 2세의 아내는 영국 왕 찰스 1세의 딸 메리 스튜어트였는데, 영국에 내전이 일어나자 빌럼 2세는 영국 왕정파를 지원하고자 했다. 하지만 연방주들은 전쟁 지원에는 막대한 자금이 들뿐 아니라 무역에도 좋지 않은 영향을 미친다는 이유로 개입을 원하지 않았다.

이후 1677년, 빌럼 3세는 영국 왕 제임스 2세의 딸이었던 또 다른 메리 스튜어트와 혼인한다. 하지만 독실한 가톨릭교도였던 제임스 2세가 당시 개신교 세력이 우세하던 영국에 다시 가톨릭교를 도입할 것을 우려한 영국 의회의 휘그파*는 제임스 2세를 퇴위시키고 1689년 빌럼 3세를 윌리엄 3세로 영국 왕위에 추대했다. 네덜란드 공화국의 총독이자 영국의 왕이 된 빌럼 3세는 양국의 식민지와 상업정책을 조화롭게 운영

---

* 17세기 후반 상공업 계급을 기반으로 성립된 영국 최초의 근대적 정당이다. ─옮긴이

할 수 있었다. 1674년, 오라녀나사우 가문의 총독 지위는 세습이 가능한 것으로 선언되었고 빌럼 3세는 1702년 세상을 떠났다.

【 프랑스 통치 】

1689년부터 1713년까지 네덜란드와 영국은 서로 연합하여 프랑스의 루이 14세와 전쟁을 벌였다. 프랑스에 맞선 이 전쟁은 1713년 위트레흐트조약이 체결됨으로써 끝이 났고 이 조약으로 인해 네덜란드는 막대한 재정적 피해를 입었다. 반면 영국은 위트레흐트조약 덕분에 네덜란드가 이전에 장악했던 상권을 지배하게 되었고 이를 바탕으로 산업과 상업 강국으로 우뚝 설 수 있었다. 우위를 빼앗긴 네덜란드는 쇠퇴의 길에 접어들었다.

1751년, 빌럼 4세가 세상을 떠나자 네덜란드 전역에서 민주주의를 요구하는 목소리가 높아지기 시작했다. 특히 당시 오라녀나사우 가문에 대립하던 애국당은 총독의 권한을 제한하고 민주주의적으로 헌법을 개혁하기를 요구했다. 애국당은 미국의 독립에 영감을 받았고, 그중 급진적인 당원들은 미국의 독립선언서를 바탕으로 헌법을 제정하자고 요구하기도 했다.

이후 1780년대가 되어 빌럼 5세는 처남이었던 프로이센 왕의 힘을 빌려 애국당을 몰락시켰다. 애국당 세력은 네덜란드를 떠나야 했지만  프랑스 혁명이 일어나자 1795년 혁명군과 함께 네덜란드에 재입성해 대중의 열렬한 환영을 받는다.

같은 해 빌럼 5세는 네덜란드를 떠나 영국으로 망명했다. 남겨진 급진파는 네덜란드 공화국의 이름을 바타비아 공화국으로 바꾸고 종교와 정치를 분리시켰으며, 예배의 자유를 보장하고 모든 종교는 법적으로 동등함을 인정했다.

1806년, 나폴레옹은 친동생 루이 보나파르트를 네덜란드의 왕으로 앉히고 바타비아 공화국을 홀란트 왕국으로 대체했다. 루이 보나파르트는 훗날 네덜란드의 수도가 되는 암스테르담에 자신의 궁전을 지었다. 그는 자신을 위해 세금을 횡령하기도 하고 네덜란드인이 칙령을 위반할 수 있게 허용하는 등 그다지 엄격하지 않은 왕이었다.

그리고 1810년, 나폴레옹은 동생을 왕위에서 끌어내린다. 하지만 1813년, 나폴레옹이 라이프치히 전투에서 패배하고

프랑스가 풍전등화의 위기에 처하자 루이 보나파르트는 네덜란드에서 프랑스 군대를 철수시킨다. 오라녀나사우 가문 지지자들은 이때를 놓치지 않고 정권을 잡아 입헌군주제를 선언하고 해외로 망명했던 오라녀나사우 가문의 상속자인 빌럼 5세의 아들을 네덜란드로 다시 초청한다. 1814년, 그는 네덜란드 국왕 빌럼 1세로 추대되었다.

【 독립 】

1815년, 나폴레옹의 몰락한 뒤 열린 빈회의에서 기존 네덜란드의 17개 주는 오라녀나사우 가문 아래 재통일되었지만 그 통일은 오래가지 않았다. 250년의 세월 동안 종교, 문화, 언어, 정치, 경제 등 모든 방면에서 큰 차이가 생겼던 탓이다. 1830년, 통일에 불만을 가지고 있었던 남부 지역은 영국과 프랑스의 도움을 받아 독립한 뒤 벨기에를 세웠다. 1839년, 수년간의 협상 끝에 빌럼 1세는 벨기에 독립을 인정했고 북부 네덜란드는 네덜란드 왕국이 되었다.

빌럼 1세는 통치기간 동안 네덜란드의 경제부흥을 위해 힘

썼으며 통일된 네덜란드 문화를 만들기 위해 노력했다. 그리고 1840년, 빌럼 1세는 가톨릭교를 믿는 궁녀이자 그의 오랜 불륜 상대였던 벨기에 출신의 여인과 혼인하기 위해 왕위를 아들에게 물려주고 퇴위하지만 3년 뒤 사망하고 만다.

1848년, 빌럼 2세는 유럽 내 거세져 가는 자유주의 물결 속에서 자신의 지위를 확고히 하기 위해 헌법의 군주제적 요소를 제거하고 의회 민주주의를 실현하는 내용으로 헌법을 수정한다. 이는 오늘날까지도 네덜란드 정부의 근간이 되고 있다. 이후 1849년 빌럼 2세가 사망한 뒤 아들 빌럼 3세가 왕위를 계승한다.

1870년대가 되어 네덜란드의 경제는 다시 되살아난다. 새로운 산업이 번성하고 그 산업발전의 혜택은 국가로 돌아가기 시작했다. 또 밖으로는 식민제국을 강화했으며 나라가 부유해지면서 문화와 예술도 함께 발전했다. 그리고 1890년, 빌럼 3세가 사망하고 그의 딸 빌헬미나가 고작 10살의 나이에 왕위에 오른다.

이처럼 네덜란드는 화려하게 20세기에 진입했다. 과거 전 유럽에 떨쳤던 위력은 많이 쇠퇴했지만, 나라는 다시금 발전하고 있었고 무역 강국으로 새로운 지위도 얻게 되어 네덜란드인들은 조국에 대한 자부심을 느꼈다.

【 제2차 세계대전 】

제1차 세계대전 당시 중립을 지켰던 네덜란드는 제2차 세계대전에도 관여하지 않겠다는 뜻이 확고했다. 대다수의 네덜란드인은 반전주의자였고 군대다운 군대도 없었으며 국가 교역의 상당 부분을 독일이 차지하고 있던 터였다. 하지만 독일은

1940년 5월 10일 네덜란드를 침공해 로테르담에 맹렬한 폭격을 가하여 도시를 잿더미로 만들었다. 단 5일 만에 네덜란드군은 전멸했다. 독일의 공세에 맞서 네덜란드인들은 지하활동을 통해 저항운동을 펼쳤고, 빌헬미나 여왕은 영국 런던에서 BBC 방송을 통해 네덜란드 국민에게 용기를 잃지 말고 독일에 저항하기를 요청하는 내용의 연설을 했다.

독일이 네덜란드를 지배한 기간 동안 10만 명의 유대인이 네덜란드에서 추방당해 강제수용소에서 목숨을 잃었다. 민간의 네덜란드 가족이 유대인을 숨겨주지 않았더라면 더 많은 유대인이 희생되었을 것이다. 특히 전쟁 마지막 해에는 식량 부족과 한파가 기승을 부려 수많은 희생자를 낳았다. 또 전쟁 기간 동안 네덜란드 남성들은 독일의 공장으로 끌려가 강제노역을 했다. 마침내 1945년 4월 29일 연합군은 네덜란드를 해방시켰고 5월 5일 전쟁은 종식되었다.

【 식민지 】

전쟁을 하는 동안 네덜란드령 동인도는 일본에 점령되었지만 전쟁이 끝나자 네덜란드령 동인도는 국명을 '인도네시아'로 바꾸고 독립을 선언했다. 네덜란드는 인도네시아의 독립을 1949년

에야 인정했는데, 그 사이 식민지의 많은 사람이 네덜란드로 이주했다.

네덜란드령 기아나는 1975년에야 '수리남'이라는 국명으로 네덜란드로부터 독립했다. 1981년까지 수리남인들은 네덜란드 국적과 수리남 국적 중 자신이 원하는 국적을 선택할 수 있었고 약 1만 명이 네덜란드 국적을 선택했다.

네덜란드령 앤틸리스 제도는 2010년 해체되었다. 하지만 아루바, 퀴라소, 신트마르턴은 여전히 네덜란드 왕국을 구성하는 자치령이고 보나이러, 신트외스타티위스, 사바는 네덜란드 왕국의 특별자치지역이다.

【 전후 부흥 】

네덜란드는 전쟁의 포화로 폐허가 되었고 전쟁이 끝난 뒤 국가 재건이 중요한 숙제로 떠올랐다. 이로 인해 네덜란드는 경제를 일으켜 국민에게 사회적 보살핌을 제공하기 위해 미국의 마셜 플랜*으로부터 경제원조를 받고 특유의 활력으로 문제를 해결해 나가기 시작했다.

1948년, 네덜란드는 벨기에, 룩셈부르크와 손잡고 베네룩스

---

* 제2차 세계대전이 끝나고 미국의 원조로 이루어진 유럽의 경제부흥계획이다. – 옮긴이

관세동맹을 결성했다. 같은 해 네덜란드로 돌아온 빌헬미나 여왕은 60여 년을 지킨 왕위에서 내려와 딸 율리아나에게 왕위를 계승했다.

1949년, 네덜란드는 북대서양조약기구NATO 회원으로 가입했다. 북해에서 천연가스 매장지를 발견한 덕분에 무역과 산업은 다시 활기를 띠기 시작했고 실업률도 대폭 감소했다. 게다가 노동력이 부족해 이탈리아, 스페인, 독일, 그리스, 터키, 모로코 등지에서 수천 명의 이민자가 유입되었다. 그리고 이렇게 유입된 이민자는 기존에 있던 인도네시아, 앤틸리스 제도, 수리남 사람들과 함께 네덜란드를 다문화 사회로 만드는 데 큰 역할을 했다.

1958년, 네덜란드는 유럽경제공동체EEC 출범에 창립 국가로 참여했다. 경제발전 덕분에 정부는 수많은 사회적 문제를 해결할 수 있었고 다양한 사회복지 프로그램을 도입해 온정주의적 네덜란드 복지체계를 구축했다.

【 변화의 시대 】

1960년대가 되자 네덜란드는 사회 다방면에서 변화가 시작되었다. 암스테르담에는 국가의 권위훼손을 목표로 삼는 반체제 과격청년파인 프로보스가 등장했다. 프로보스는 활동 초반에는 대중의 지지를 받지 못했지만 1965년 경찰이 시위대를 과격진압한 것이 언론에 보도되면서 여론이 바뀌기 시작했다. 언론매체는 불필요하게 과격한 경찰의 진압방식을 지적했고 사람들은 우려를 표했다. 여기에 더해 텔레비전의 영향력이 점차 커지고 오랫동안 네덜란드 사회를 지탱해왔던 사회분화체계(48쪽 참조)가 무너지기 시작하면서 사회 전반에 큰 변화의 물결이 일었다.

네덜란드 사회가 오랫동안 엄격한 틀을 유지해왔기 때문에 1960년대의 신세대들은 그에 대한 반항심으로 반대입장을 취하고 극단적인 자유주의를 옹호한 것일 수도 있다. 그리고 이런 분위기 속에서 사회 전반에 걸쳐 일어나는 급격한 변화를 저지할 일반 보수정당이 없었기 때문에 네덜란드에는 비중독성 마약, 동성애, 낙태, 이혼, 매춘, 안락사 등에 대해 진보적인 법이 제정되었다.

1980년대 초, 실업률이 증가하면서 사람들은 국가의 관대한 복지체계를 이용해 부당한 혜택을 입는 이들에게 곱지 않은 시선을 보내기 시작했다. 동시에 이민자와 망명 신청자를 포함한 네덜란드 사회로의 동화를 거부하는 이민자공동체에 대한 불만도 생겨났다.

【 21세기 】

네덜란드는 경기호황을 누리는 가운데 21세기에 진입했다. 실업률도 큰 폭으로 감소했지만 2001년 미국에서 9·11 테러가 발생하면서 호황에도 제동이 걸렸고, 2004년 유럽연합^{UN}에 신규가입한 동유럽 국가들의 노동력이 유입되면서 네덜란드 인력시장에도 압박이 가해지기 시작했다. 이후 네덜란드는 2008년부터 2014년까지 경기침체를 겪었고 이 시기 정부는 공익사업과 사회복지예산을 대폭 삭감했다.

2015년에는 난민사태로 중동과 아프리카에서 온 이민자가 급등했고 많은 네덜란드인이 이를 사회적, 재정적 압박으로 간주했다. 이민과 난민에 긍정적이었던 네덜란드 정치계도 여론의 변화에 흔들리기 시작했다. 설상가상으로 서유럽에서 이슬람 극단주의와 테러가 늘면서 많은 사람이 유럽연합이 국경을 너무 활짝 열어버려 이런 사태가 발생했다고 생각하기

이르렀다. 그리고 이런 우려 속에서 네덜란드에는 반이민, 반이슬람, 반유럽연합을 골자로 하는 포퓰리즘* 광풍이 불기 시작했다. 하지만 이는 모두 네덜란드 국익에 반하는 것이었다.

　네덜란드는 2014년부터 경제가 회복세에 들어서면서 많은 사람이 안락하고 행복한 라이프스타일을 유지하고 있지만 불안한 분위기는 지속되고 있다. 2017년에 있었던 총선에서 네덜란드 사회는 당면한 문제들을 해결할 방법론에 있어 갈등을 보였으나, 유권자는 포퓰리즘 극우정당을 연정 1당으로 뽑지 않았고 유럽연합에 잔류하겠다는 의사를 확실히 했다. 이 선거결과는 절충의 승리이자 전통적인 네덜란드식 문제 해결법의 승리로 여겨진다.

도시

네덜란드를 구성하는 12개 주는 각각의 주도를 갖고 있다. 인구는 암스테르담, 로테르담, 헤이그, 위트레흐트를 잇는 란스타

---

* 정치, 경제, 문화 면에서 본래의 목적보다 대중의 인기를 얻는 것을 목적으로 하는 정치행태이다. − 옮긴이

트 지역을 중심으로 가장 큰 폭으로 성장하고 있다. 통신기술의 발달과 교통 네트워크의 구축으로 다른 도시들도 산업을 적극 유치하고 있지만 란스타트는 여전히 네덜란드의 상업허브로 기능하고 있다.

【 헤이그 】

1806년까지 헤이그는 공식적으로 도시의 지위를 부여받은 적은 없지만 네덜란드의 수도였다. 1511년에는 헤이그에 홀란트 최고 법원이 세워졌고 이후 이 건물은 네덜란드의 행정과 사법기관으로 이용되었다. 1578년, 스타텐헤네랄이 헤이그에서 주기적으로 회의를 가지면서 헤이그는 정부 소재지가 되었다. 그리고 1806년, 친형 나폴레옹의 명으로 네덜란드의 왕으로 온 루이 보나파르트는 암스테르담에 왕궁을 짓고 수도로 선언한 뒤 보상으로 헤이그에 도시 지위를 부여했다.

오늘날 헤이그는 네덜란드 제3의 도시로, 정부 소재지이자 빌럼 알렉신더르 왕의 공식 거주지이며 약 52만 6,000명이 거주하고 있다. 네덜란드 국회의사당은 내성을 뜻하는 비넌호프와 외성을 뜻하는 바위텐호프로 구성되어 있으며, 13세기 건물을 복원한 리데르잘은 매년 9월 왕의 연설 등 특별 기념행

사에 이용된다. 국제사법재판소와 국제법 아카데미, 그리고 다
수의 외국 대사관도 헤이그에 위치하고 있다.

헤이그는 세련되고 우아하며 문화가 가득한 도시로, 방문할
만한 박물관, 미술관, 고급 상점 등도 많다.

【 암스테르담 】

네덜란드의 수도 암스테르담에는 약 85만 명이 거주하고 있고
인근의 위성도시에서 암스테르담으로 통근하는 인구까지 더하

면 110만 명이나 된다. 암스테르담은 네덜란드 최대 도시이자
금융허브이다. 또 문화의 중심지이기도 해서 전 세계에서 수많
은 관광객이 이 도시를 찾고 있다. 도시 안에는 17세기에 만들
어진 아름다운 운하가 흐르며 멋진 극장, 콘서트홀, 박물관, 미
술관 등 훌륭한 문화적 유산이 가득하다. 암스테르담은 홍등
가와 비중독성 마약을 개인용으로 판매하는 커피숍으로도 유
명하다. 그야말로 암스테르담은 다양한 배경을 가진 사람들이
모여 살며 다채로운 하위문화가 융합된 활기찬 도시이다.

【 로테르담 】

네덜란드 제2의 도시인 로테르담에는 약 65만 명이 거주하고 있다. 제2차 세계대전 초반, 독일은 로테르담에 융단폭격을 가해 도시를 잿더미로 만들었는데, 자신들에게 굴복하지 않으면 어떤 일이 일어나는지 네덜란드에 제대로 경고한 사건이었다.

전쟁이 끝난 뒤 로테르담은 현대적인 산업도시 겸 세계 최대의 항구도시로 재건되었으며 현재는 현대적이고 활기차며 뛰어난 건축물과 경제, 산업, 문화가 어우러진 도시로 명성을 떨치고 있다.

왕실

2013년, 네덜란드의 베아트릭스 여왕은 30년이 넘는 재위기간을 끝으로 장자인 빌럼 알렉산더르에게 왕위를 물려주고 퇴위했다. 대다수의 네덜란드 국민은 왕실을 존중하고 왕가에 대해 애정을 가지고 있으며 그들의 왕실이 격식에 얽매이지 않는 데 자부심을 가지고 있다.

　네덜란드인의 삶의 단면을 보여주는 말로 '평범하게 하라, 그 정도면 괜찮다 Doe maar gewoon, want gewoon is gek genoeg'(67쪽 참조)라는 것이 있는데, 이 말은 왕실에도 어김없이 적용된다. 때로는 비판을 받고 스캔들을 일으키기도 하지만 네덜란드 왕실은 여전히 국민에게 존경받고 있다.

정부

네덜란드는 입헌군주제 국가로, 정부는 '중앙정부–주정부–지방정부' 세 단계로 나뉜다. 헤이그에 소재한 중앙정부는 주정부와 지방정부를 감독하고 국왕은 수상을 임명하며 내각구성에 적극 관여한다.

국회는 전통적으로 스타텐헤네랄이라고 불리웠으며 제1원(상원)과 제2원(하원)의 양원제로 운영된다. 상원의 정원은 75명이고 임기는 4년으로, 주의회 의원에 의해 간접적으로 선출된다. 상원은 주로 통제기능을 수행하며 각 부처와 장관에게 정책 설명을 요구할 수 있고 전문가에게 정보를 청구할 수 있는 조사권을 갖는다. 하원의 정원은 150명이고 임기는 4년으로, 직접선거로 선출된다. 하원이 주로 하는 일은 입법으로, 기존 법률의 수정안을 발안하거나 새 법률을 제정한다. 법안이 상하원의 충분한 동의를 얻어 통과되면 정부는 반드시 해당 법을 제정해야 한다.

네덜란드의 상하원에는 주요 정당의 대표들이 포진해 있다. 하원의 경우 선거는 비례대표제로 진행되며 유권자는 정치인 개인을 보고 투표하지 않고 정책을 보고 투표한다. 정당 대표는 선거가 끝나고 개인의 역량이 아닌 정당 명부의 순위에 따라 선발되고 정당 대표는 선거구나 특정 지역을 대표하지 않는다.

네덜란드는 정당 수가 많아 정부구성이 현실적으로 쉽지는 않다. 이 때문에 충분한 의석수를 확보하고 하원에서의 영향력을 높이기 위해 종종 일부 정당은 합당을 통해 새로운 당을 창당한다. 보통은 두세 정당이 함께 연합정부를 구성한다.

현재는 이민과 유럽연합 잔류 등의 문제에 대한 정당별 입장 차이가 현격하여 합의를 도출하고 연정을 꾸리기가 더욱 어려워지고 있다. 총선이 끝나면 이전 행정부의 장관들은 자리에서 물러나는데, 연정협상이 길어지면 정부의 일부 실무는 몇 달이고 정체되기도 한다.

따로 또 같이

네덜란드는 전통적으로 정치와 종교에 따라 집단을 구분했고 19세기 후반 네덜란드 사회는 명확히 구분되는 공동체로 이루어져 있었다. 각 집단은 저마다 다른 종교, 학교, 언론, 정당을 가졌고 심지어 가입하는 스포츠 클럽도 달랐다. 또 집단 구성원의 공동체에 대한 기여도는 공정하게 인정했지만 집단 내 사회계층은 노동자, 전문직 종사자, 종교 지도자, 정치 지도자 등으로 나뉘었다.

이런 네덜란드의 특별한 '사회분화체계 pillarization'는 '따로 또 같이' 살자는 데 목표가 있었다. 이 체계를 통해 네덜란드는 사회를 구성하는 각 집단을 명확히 구분하되 나라 전체의 공동이익에 대한 각 집단의 기여도는 공평하게 인정했다. 여러 개의 기둥이 지붕을 받치고 있는 건물을 상상하면 이해하기 쉬울 것이다. 이런 체계 아래 정치인은 의사결정을 하기에 앞서 합의를 도출해야 했다. 하지만 1960년대에 들어와 전통적인 사회분화체계가 흔들리기 시작했다. 언론을 통해 새로운 생각과 사상이 널리 퍼져나가면서 각 공동체 사이에 존재하던 장벽이 서서히 무너졌다. 또 네덜란드인들이 해외의 정치사정을 더 많이 접하게 되면서 여론에도 변화가 생겼다.

1970년대와 1980년대에는 많은 이민인구가 네덜란드에 유입되면서 또 다른 형태의 따로 또 같이 사회분화체계가 생겨났다. 각기 다른 인종으로 구성된 공동체는 각자 다른 장소에 정착했고 일부는 고국의 전통적인 삶의 방식과 문화를 지켜나갔다. 네덜란드 법은 각각의 인종이 학교를 설립하고 아이들에게 제2의 고향인 네덜란드의 문화와 가치관을 가르치는 동시에 고국의 문화와 가치관도 가르칠 수 있도록 허용함으로써 인종 분리를 용인하고 나아가 장려했다.

그리고 1980년대와 1990년대에 이르자 네덜란드에서는 이에 대한 우려의 목소리가 점차 커지기 시작했다. 사람들은 이민자가 네덜란드 사회에 편입되는 대신 네덜란드 문화의 일부가 새로운 이민자의 문화로 점차 대체되고 있다고 걱정했다.

이런 우려를 해소하기 위한 시도도 있었다. 1990년대 네덜란드 정부는 네덜란드에 장기 체류하는 외국인을 대상으로 네덜란드어와 문화 교육을 의무화하는 법을 제정해 국가경제에 최대한 빨리 이바지하도록 유도했다. 하지만 이런 조치가 이민 문제를 단숨에 해결하지는 못했으며 그러던 중 정치인 핌 포르퇴인이 등장했다.

핌 포르퇴인

2001년, 네덜란드 정계는 핌 포르퇴인으로 떠들썩했다. 그는 정치인들은 끊임없이 말만 늘어놓고 있다고 비난했고 두루뭉술하게 연정 간 갈등을 덮으려만 하지 말고 의료, 교통 등 현실적인 문제를 현실적인 방법으로 해결할 것을 촉구했다. 또 약자의 권리를 보호하는 네덜란드 법의 관용이 도를 지나쳤다고 했다. 대대수는 그의 발언에 충격을 받았고 그를 프랑스의 극우주의자인 장마리 르 펜, 심지어 무솔리니와 비교했다.

핌 포르퇴인은 2001년 '살만한 네덜란드LN'라는 작은 로테르담 정당에 합류하며 공식적으로 정계에 입문했다. 그를 지도자로 뽑은 살만한 네덜란드는 그가 인터뷰에서 인종차별주의적 발언을 했다는 이유로 탈당시켰다. 핌 포르퇴인은 포기하지 않고 자신의 이름을 따서 '핌 포르퇴인 리스트LPF'라는 이름의 정당을 창당했다. 그리고 전국선거를 앞두고 선거운동에 한창이던 2002년 5월 그는 한 동물보호 운동가에 의해 암살되었다.

1584년 이래 네덜란드에서 공인이 암살된 사건은 처음이었고 이 사건으로 인해 네덜란드는 큰 충격에 빠졌다. 핌 포르퇴인의 암살을 민주주의에 대한 공격이자 자신의 소신을 말할 수 있는 개인의 권리에 대한 공격이라 여겼다. 그리고 이 사건 뒤 열린 총선에서 그가 창당한 정당은 100만 이상의 표를 얻었다. 일부 평론가는 핌 포르퇴인 리스트가 그렇게 많은 득표율을 기록할 수 있었던 이유는 유권자가 그의 공약을 지지해서가 아니라, 네덜란드 사회가 공인의 암살에 반감을 가지고 저항했기 때문이라고 해석한다. 하지만 네덜란드에서 전통으로 여겨지는 관용에 대해 여론이 돌아서기 시작했음을 보여주는 분명한 신호라고 해석하는 사람도 있다.

포퓰리즘의 부상

핌 포르퇴인이 암살된 뒤 2006년 그의 빈자리에는 포퓰리스트 정치인인 헤이르트 빌더르스가 등장했다. 헤이르트 빌더르스는 핌 포르퇴인이 그랬듯 자신은 정치 엘리트가 아닌 평범한 사람의 의견을 대변한다고 했다. 2010년 총선에서 그가 이끄는 정당인 자유당[PVV]은 반이민, 반이슬람, 반유럽연합을 내세우며 급부상했다. 자유당의 지지 세력이 커진 이유는 네덜란드인들이 기존의 정당과 유럽연합 지도층에 느끼는 좌절감을 반영하는 것으로 해석되었다.

하지만 현실에서 많은 네덜란드인은 헤이르트 빌더르스의 행동을 분노를 유발하는 선동행위로 본다. 2016년, 그는 2014년 유세 중 했던 발언 때문에 '집단모욕'과 '차별선동' 유죄 판결을 받았다. 하지만 놀랍게도 그는 아무런 처벌도 받지 않았고 정당의 인기는 계속 높아졌다. 경기침체 중 네덜란드 정부는 복지예산을 대폭 삭감했는데, 대다수의 빈곤층이 이미 포화상태에 이른 네덜란드 사회복지체계에 난민의 유입이 부담이 된다고 생각했기 때문이다.

2017년 선거를 앞두고 실시한 한 여론조사에서는 그가 이끄는 자유당의 예상 득표율이 다른 정당 대비 앞서는 것으로 나타났다. 마치 자유당이 네덜란드 유권자로부터 가장 큰 지지를 받는 정당인 것처럼 보였다. 하지만 뚜껑을 열어보니 그렇지는 않았다. 2017년 3월, 유권자의 80%는 중도파 정당에 투표했고 자유당은 단 13%의 득표율을 기록하며 하원 150개 의석 중 20개를 차지했을 뿐이었다. 반면 중도우파 자유민주당VVD은 자유당을 앞서며 33개 의석을 차지했다.

2017년 총선에서 의석을 차지한 모든 정당은 자유당과 연정을 수립하지 않을 것임을 분명히 천명했다. 헤이르트 빌더스는 이를 두고 비민주적이며 그의 정당에 표를 준 유권자에 대한 모욕이라고 분개했다. 그는 여전히 다른 정당과 싸울 기회를 호시탐탐 노리며 정책을 홍보하고 소동을 일으킬 발언을 준비하느라 바쁘다. 네덜란드 정계에서 헤이르트 빌더스는 결코 사라지지 않을 것이며 다른 정치인들은 그가 네덜란드 유권자에게 미치는 영향을 두고 계속해서 씨름해야 할 것이다.

유럽연합과 네덜란드

네덜란드는 유럽연합의 창립 국가 중 하나이다. 제2차 세계대전이 끝난 뒤 유럽 국가들을 통합하려는 움직임이 일어난 가운데, 1948년 5월 네덜란드의 율리아나 공주와 베른하르트 왕자는 헤이그에서 유럽회의를 주최해 유럽연합 설립의 초석을 다졌다.

이후 1952년, 네덜란드, 벨기에, 프랑스, 독일, 이탈리아, 룩셈부르크 유럽 6개국은 유럽석탄철강공동체ECSE를 창설하여 관련 산업의 경제적 효과와 보안을 공동으로 관리했다. 그리고 1958년, 네덜란드 외무부 장관은 유럽경제공동체 창설에 중요한 역할을 했다.

네덜란드는 유럽연합의 계획부터 유럽 공동체 구성, 정책, 법률에 주도적인 영향력을 미치고자 했다. 특히 산업과 사회적 문제에 대해서는 더욱 그랬다. 그리하여 1967년, 유럽석탄철강공동체, 유럽경제공동체, 유럽원자력공동체가 모여 유럽공동체EC를 설립했다. 1973년에는 영국 등 3개국이 유럽공동체에 가입했고 그 뒤에도 많은 국가가 합류했다.

1991년, 네덜란드에서 열린 마스트리흐트 정상회담은 경제와 통화 공동체 설립에 중요한 기반을 다진 자리였다. 그리고 1993년, 마스트리흐트조약에 따라 유럽연합이 탄생했고 네덜란드는 무역 국가로서 단일시장 창출과 무역 장벽의 제거를 지지했다. 유럽의 작은 나라 네덜란드에게 유럽연합의 탄생은 강대국의 이익과 약소국의 불만이 동등하게 다루어질 것임을 보장한다는 점에서 중요한 안전장치로 여겨졌다. 공동의 목표를 가진 유럽연합 내에서 네덜란드는 자신의 목소리를 낼 수 있었고, 또 유럽연합은 각국의 이익이 회원국 공동의 이익에 앞서지 않는다는 안정적 환경을 보장했다.

네덜란드는 유로존 가입국으로, 기존 통화였던 길더를 유로로 대체함으로써 유럽연합에 깊숙이 관여하고 있음을 증명했다. 하지만 네덜란드의 발이 유럽에만 묶여 있는 것은 아니다. 대서양과 미국, 그리고 전 세계에서 어떤 일이 일어나고 있는지 늘 주시하고 있다. 무역 국가로서 전 세계에서 발생하는 일을 살피는 역할이 중요하기 때문이다.

21세기 초반에 일어난 일련의 사태는 유럽의 각 지도자가 수립한 정책과 그들이 내린 의사결정이 과연 맞는 것인지 의구심을 불러일으켰다. 2004년, 유럽연합은 중유럽과 동유럽 국가들의 가입을 승인했고 이는 신규가입국의 인구가 서쪽으로 이동하는 결과를 가져왔다. 많은 사람이 수년 뒤에는 고국으로 돌아갔지만 이 인구 이동은 전 유럽에 각국의 문화적 특성이 사라질 수도 있다는 공포를 가져왔다. 특히 2005년 여름 이런 우려는 중동과 아프리카 이민자가 유럽으로 대거 유입되면서 더욱 악화되었다. 당시 이민자는 제2차 세계대전 이후 최대 수치를 기록했다. 네덜란드의 많은 사람은 과연 유럽연합이 현 상황에 제대로 대처하고 있는지 의문을 제기하며, 국경 단속을 강화해 인구 이동을 다시 통제할 것과 이슬람 극단주의

조직의 테러 공격을 막을 것을 촉구했다.

2016년 6월, 영국은 투표를 통해 유럽연합 탈퇴를 의미하는 브렉시트를 결정했고, 2016년 11월 미국에서는 방송인이자 반체제 사업가이며 포퓰리스트 정치인이었던 도널드 트럼프가 미국 대통령으로 당선되었다. 언론은 이 일련의 사건을 두고 포퓰리즘이 전 세계로 확대되고 있다고 해석했고, 유럽연합 가입국은 이런 추세가 결국 유럽연합의 해체를 가져올까 우려했다.

이 가운데 2017년 3월에 있었던 네덜란드 총선에 세간의 이목이 집중되었다. 왜냐하면 네덜란드 총선결과에서 앞으로 있을 프랑스와 독일의 총선결과 예상이 가능할 것이라고 생각했기 때문이다. 결과는 네덜란드 유권자는 자유당에 예상만큼 많은 표를 주지 않았고 그해 총선은 다수 중도파의 승리로 해석되었다. 그리고 전 세계는 이후 있을 프랑스와 독일 선거에서도 네덜란드에서처럼 유권자가 유럽연합에 신뢰를 보여주기를 희망하는 마음이 컸다. 그 바람대로 2017년 6월에 있었던 프랑스 대통령 선거에서 극우정당인 국민전선[FN]의 마린 르 펜은 낙선했고 중도파 에마뉘엘 마크롱이 대통령으로 당선되었다. 마찬가지로 2017년 9월에 있었던 독일 연방 의회 선거에서도 앙겔라 메르켈 총리가 이끄는 중도우파 정당인 독일기독교민주동맹CDU이 최고 득표율을 달성하며 앙겔라 메르켈은 연임에 성공했다. 다만 독일기독교민주동맹의 득표율이 지난 선거 대비 크게 감소한 사실은 우려를 불러일으켰다.

대다수의 네덜란드인은 국제법을 강력하게 통제해야 한다고 생각한다. 초강대국인 미국의 힘을 인지하면서도 모든 북대서양조약기구 회원국이 각자의 권력을 공정하고 올바르게 행사하도록 하기 위해 미국의 힘은 꼭 필요하다고 생각한다. 네덜란드인들은 질서와 규제, 정의의 원칙을 중요하게 여기며 상대국이 얼마나 크고 강력한 나라든 그들이 잘못한 일에 대해서는 지적하기를 꺼리지 않는다.

오늘날의 네덜란드인

21세기에 들어 포퓰리즘과 민족주의가 부상했지만 이런 변화는 오히려 전통적인 네덜란드의 가치와 관습, 그들의 기준을 재차 확인시켜주는 전화위복의 기회가 되었다. 이민자에게 네덜란드 문화를 배우고 동화될 것을 요구하는 목소리가 높아지고는 있지만, 여전히 대다수는 다문화주의를 환영하고 따로 또 같이 사는 시스템을 통해 다양하고 다원적인 나라를 유지해나갈 수 있다고 믿는다.

2008년부터 2014년까지 경기침체가 찾아온 네덜란드는 빈곤층이 늘어나고 빈부격차가 심화되었지만, 대다수의 네덜란드인은 여전히 안락한 라이프스타일을 영위하고 일과 사생활 균형도 유지하고 있다. 2013년의 유니세프 보고서에 따르면 네덜란드 아이들의 행복지수는 세계 최고이다.

물론 어려운 숙제들도 여전히 남아 있다. 무역 국가로서 네덜란드는 브렉시트와 미국 트럼프 정부의 민족주의 정책이라는 난제에 직면하고 있다. 결국 네덜란드는 세계정세의 변화에 적응하고 그 과정에서 생기는 기대를 최대로 활용해 지금의 경제적 지위를 더욱 공고히 해야 할 것이다. 또 내부적으로는 사회분열을 직시하고 그 안에 내재된 분노와 갈등을 최소화해야 한다. 이를 위해 빈부격차를 줄이고 네덜란드의 전통과 상충되는 가치를 가진 이민자와 네덜란드 본토 사람 간의 화해를 이끌어내야 할 것이다. 급변하는 세상 속에서도 일부 네덜란드인은 여전히 전통의 가치를 지키며 살고 있다.

02

가치관과
사고방식

네덜란드인들은 토론의 가치와 개인의 의사를 자유롭게 표현할 권리를 매우 중요하게 생각하며 이런 과정을 통해 의사결정을 내려야 한다고 믿는다. 생활환경은 소박하지만 안락하게 꾸민 집에서 행복한 삶을 살며 큰 지출을 할 경우에도 결코 자랑하지 않는 등 검소하고 근면한 삶을 추구한다.

칼뱅의 영향

현대 네덜란드 사회의 많은 부분은 칼뱅주의의 가치와 윤리를 기반으로 한다. 어쩌면 세속화된 버전의 칼뱅주의라고도 할 수 있다. 그렇다면 오늘날 네덜란드인들을 대표하는 특징은 무엇일까? 네덜란드인들은 토론의 가치와 개인의 의사를 자유롭게 표현할 권리를 매우 중요하게 생각하며 이런 과정을 통해 의사결정을 내려야 한다고 믿는다. 또 소박하지만 안락하게 꾸민 집에서 행복한 삶을 살며 씀씀이가 크지 않고 큰 지출을 할 경우에도 자랑하지 않고 조용히 한다. 이런 네덜란드인들의 특징은 칼뱅주의의 어떤 가르침에서 온 것일까?

프랑스의 신학자이자 개혁가였던 장 칼뱅은 타협 없는 엄격한 교리의 칼뱅주의를 제창했고, 그의 이런 사상은 1560년대부터 네덜란드에서 큰 인기를 끌었다. 장 칼뱅은 인간의 운명은 하나님이 정하는 것이므로 자신의 분수를 알고 자신에게 맡겨진 것 이상을 가지기 위해 노력해서는 안 된다고 가르쳤다. 또 하나님 앞에서 모든 사람은 동등하고 종교적으로 물질적 부나 사회적 지위는 아무것도 아니며, 인간은 원죄를 가지고 태어나므로 하나님의 용서를 받기 위해서는 끊임없이 스스로를 더 나은 사람으로 만들고 타인을 도와야 한다고 했다. 네덜란드의 사회의식은 바로 이런 종교적 가르침에 기반한다.

장 칼뱅은 하나님의 뜻에 부합한다면 타인을 판단해도 괜찮다며, 타인을 판단함으로써 나 자신의 잘못도 알 수 있고 도덕률을 지킬 수 있다고 했다. 또 술에 취하지 말 것, 금욕할 것, 내게 주어진 삶을 있는 그대로 받아들일 것을 강조했다. 개인의 형통도 다 하나님의 뜻에 달려 있기 때문에 하나님이 주신 재능을 자신의 성취를 위해서가 아니라 하나님의 뜻대로 현명하게 이용하도록 노력해야 한다고도 했다. 그는 숙련된 변호사로서 자신의 생각을 이성적이고 단호하며 설득력 있게 주장했다.

당시의 네덜란드는 칼

뱅주의와 칼뱅주의보다 덜 엄격한 개신교 종파였던 루터교 중 칼뱅주의를 선택했다. 루터교를 거부한 이유는 전통 가톨릭의 관습을 더 포용하고 있었기 때문이다. 네덜란드 상인들은 열심히 일해 번 돈을 교회의 주머니를 채우는 데 쓰는 건 불공평하다고 생각했다. 또 가톨릭 국가인 스페인 왕에게 바치는 세금도 과도하다며 분개했다.

상인계층의 대다수는 칼뱅주의를 선택했다. 당시 하나님은 한없는 자비로 인간을 보살피는 신이라기보다 인간이 잘못을 하면 형벌을 내리는 신으로 여겨졌기 때문에 칼뱅주의의 엄격하고 가혹한 성격도 선택에 일조했을 것이다. 16세기 네덜란드 인구의 절대다수는 끊임없는 홍수의 위협, 그리고 가혹한 날씨와 싸우며 힘든 삶을 살고 있었다. 때문에 엄격한 칼뱅주의에서 타협하지 않는 하나님의 손을 봤을 가능성도 있다.

또 다른 이유로는 네덜란드가 무역과 상인의 나라였다는 사실도 꼽을 수 있다. 부유한 시민은 자신이 가진 것을 받아들이고 사회에서 자신의 직분에 만족하라고 가르치는 종교에 매력을 느꼈다. 그들은 사회의 상류층이었으므로 사회 내 직위 유지에 도움이 되는 교리를 환영했다.

흥미롭게도 칼뱅주의의 윤리는 여전히 네덜란드 사회에 중요한 영향력을 행사하고 있다. 이제 네덜란드에는 가톨릭교도가 개신교도보다 많고, 개신교 중에서도 칼뱅교는 극소수에 불과한데도 그렇다. 450년 전, 칼뱅주의가 네덜란드 땅에 들어온 뒤 교리의 다양한 가치가 네덜란드 사회 곳곳에 깊이 뿌리내렸기 때문이다.

칼뱅주의 교리의 엄격함은 에라스뮈스 인문학의 영향을 받아 다소 누그러졌다. 에라스뮈스는 인간은 이성을 가지고 있어 분쟁이 일어났을 때 인간적이고 비폭력적인 방식으로 문제를 해결할 수 있다고 믿었다.

이런 칼뱅주의 교리와 인문학의 가치는 오늘날 네덜란드 정부를 비롯해 주요 기관과 법의 근간이 되고 있다. 네덜란드 사회의 이 가치는 혁명이 일어나지 않는 한 다른 가치로 대체되지 않을 것이다. 네덜란드인들은 자국의 근간이 되는 가치에 자부심을 가지고 있으며 조급하게 바꿀 생각도 전혀 없다. 그들은 급변하는 세상 속에서 자국의 가치를 통해 안정감과 연속성을 찾는다. 최근 몇 년 동안 이민에 대한 여론 악화가 네덜란드의 전통가치에 약간의 압박을 가하기는 했지만, 네덜란드 가치의 핵심은 타인에 대한 존중과 조화로운 삶이라는 사실에는 변함이 없다.

평등주의와 민주주의

네덜란드인들은 모든 시민은 동등한 권리를 가져야 한다고 생각한다. 현실에서 이는 사회를 구성하는 각 공동체의 대표가 끊임없이 토의하고 논쟁함을 의미한다. 실제로 네덜란드 전역에서는 모든 시민의 요구사항과 의견을 고려하기 위해 수많은 지역회의가 주최된다. 저마다 극단적으로 다른 의견을 주장할 때면 합의점을 도출하기가 매우 어렵기도 하다.

네덜란드인들은 네덜란드어로 '사멘레빙', 즉 '공동생활'를 중시한다. 여기서 공동생활이란 모든 사람이 함께 어울려 사회에 관심을 가지고 사회활동에 참여하는 것을 말한다. 적극적인 시민은 네덜란드 사회의 근간이다.

네덜란드에서 사회참여는 권리이자 의무이다. 또 아이들에게 자신의 의견을 적극적으로 표현하도록 교육하고 목소리를 내어 자신의 의견을 표현할 권리가 있다는 것을 느끼도록 가르친다. 그 결과 아이들은 사회에 적극적으로 참여하는 성인으로 성장해 자신의 의견을 표현할 수 있는 기회를 적극 활용하고 자신의 일상에 영향을 미칠 수 있는 의사결정에 영향력을 행사한다.

자긍심

네덜란드는 국가 자긍심이 높은 나라인데, 충분히 그럴 만한 나라이다. 현지 사람들은 '신은 세상을 창조했지만, 네덜란드인은 네덜란드를 만들어냈다'라고 말한다. 그만큼 네덜란드인들은 주어진 땅을 최대한 활용하기 위해 바다와 끊임없이 전쟁을 벌였고, 그 과정에서 수공학이 발전함에 따라 네덜란드의 공학자들은 현재 전 세계적으로 인정받고 있다.

네덜란드는 영토는 작지만 세계에서 가장 부유한 국가 중 하나이다. 최근 있었던 경기침체에도 불구하고 국민들은 상대적으로 높은 수준의 생활을 누렸다. 또 뛰어난 무역국으로서 해양무역으로도 큰 성공을 거두었다. 하지만 종종 이런 자부심이 외국인에게는 '네덜란드인이 최고다'라는 거만한 태도로 비치기도 한다.

네덜란드인들은 상대방이 요청하지 않은 조언을 하는 경향이 있는데, 상대방이 그 조언에 동의하지 않고 반박하는 것을 즐기는 것 역시 이들의 성향이다. 실제로 자신의 의견을 굽히지 않고 논리적으로 반박하는 사람을 존중한다.

근검절약정신

네덜란드인들은 근검절약과 재활용에 아주 뛰어나다. 종이, 유리, 유기농 쓰레기 등을 재활용하는 것은 네덜란드 삶에서 아주 중요한 부분이다.

얼마 전까지만 해도 네덜란드에서는 더 이상 필요 없는 큰 물건을 인도에 내놓으면 화물차가 와서 수거해갔는데, 내놓은 물건 중 쓸 만한 게 있는지 살펴보는 사람도 쉽게 볼 수 있었고 마음에 드는 물건이 있으면 원래의 소유주에게 확인한 뒤 가져갈 수 있었다. 하지만 제도가 바뀌어 대형 쓰레기는 이제 모두 지역의 재활용센터인 자선가게로 옮겨져 사람들에게 판매된다.

근면과 검소

네덜란드인들은 '살기 위해 일해야지, 일하기 위해 사는 것은 옳지 않다'는 신념을 가지고 있지만 누구보다 근면하고 부지런하다. 하지만 2008에서 2014년, 경기침체가 찾아왔을 때 일부 사람은 가족과 취미생활에 썼던 시간을 줄이고 업무시간을 늘리는 등 기존에 누리던 삶의 수준을 포기해야 했다.

전반적으로 네덜란드인들은 꽤 괜찮은 수준의 삶을 누린다. 하지만 개인의 재정상태에 대해 묻는 것은 대단한 실례로 여기며 자신의 부를 과시하는 행동은 지양된다. 특히 이런 경향은 윗세대로 갈수록 심해진다. 네덜란드인들에게 삶의 수준이 높아진다는 것은 가족, 친구와 더 많은 시간을 보내고 더 많은 활동을 함께하며 개인적인 목표의 달성을 의미하지, 결코 자신의 물질적 풍요와 성공을 타인에게 과시함을 의미하지 않는다.

DOE MAAR GEWOON…

네덜란드인들이 자주 하는 말 중에 '평범하게 하라, 그 정도면 괜찮다Doe maar gewoon, want gewwon is gek genoeg'라는 말이 있다. 네덜란드인들의 순응정신과 평등정신을 잘 보여주는 말이다. 구체적으로 '모든 사람은 평등하므로 타인보다 더 우월한 사람은 없으며, 자신이 타인보다 우월하다고 생각해서는 안 된다'라는 뜻이다. 타인과 나를 분리하는 것은 내가 타인보다 어떤 면에서 우월함을 암시하므로 타인의 눈에 띄려고 노력해서도 안 된다.

이 말의 핵심은 바로 사회 구성원과 섞여 어울리는 데 있다. 언 듯 보면 다양성을 포용하기로 유명한 네덜란드인들의 국민성과 상충되는 것으로 보이지만 상반된 이 두 가지 원칙이 조화롭게 어우러져 있다. 사회의 다양한 견해와 행동을 인정하는 한편, 자신의 생각을 다른 공동체에게 강요하지 않는 것이다. 전통적인 가치에 따라 사는 사람도 많지만 사회의 가치를 위협하거나 침해하지 않는다는 전제 아래 자신이 선택한 삶의 방식대로 사는 사람도 많다.

따로 또 같이 산다는 네덜란드식 원칙 덕분에 네덜란드 사회를 구성하는 각 집단은 지난 수년 간 서로를 포용하며 살아왔다. 그런데 이 원칙에 대해 회의적인 시선을 보내는 사람이 많아지고 있다. 그들은 네덜란드에 사는 외국인은 네덜란드 사회에 동화되어야 하고, 네덜란드 고유의 가치와 문화가 그들의 문화로 잠식되는 것을 막아야 한다고 주장한다.

네덜란드 총리 마르크 뤼터는 2017년 총선 전 공개 항의서를 발표해 이 논쟁의 불씨를 키웠다. 그는 항의서에서 사람들에게 '평범하게 행동하고 네덜란드의 가치와 전통에 순응하라. 그러기 싫다면 이 나라를 떠나라'라고 강경하게 촉구했다. 비평가들은 이 항의서가 네덜란드에 거주하는 외국인을 대상으로 한다고 해석했고, 일부 시민은 이 항의서로 인해 각 집단 간 벽이 더 높아졌다고 느꼈다. 하지만 마르크 뤼터의 정서에 동감한 사람도 많았다. 총선에서 그가 이끄는 정당이 가장 많은 표를 얻은 사실을 보면 그의 인기를 알 수 있다.

네덜란드의 법이 진보적인 것은 사실이지만 네덜란드의 모든 주가 그렇게 너그럽게 세상을 바라볼 것이라 믿는 것은 너무 순진한 생각이다. 일반적으로 시골로 갈수록 사람들은 더 보수적이다. 또 몇몇 지역에는 독실한 종교인의 비율이 아직도 매우 높으며 이런 공동체들은 진보적 견해를 쉽게 수용하지 않는다.

금욕주의

네덜란드의 윗세대는 제2차 세계대전 당시 독일의 지배 아래 어려운 시기를 보낸 세대로, 사소한 문제나 어려움에 대해 불평하는 사람을 보면 참지 못한다. 반면 그보다 젊은 세대는 조금 더 긍정적이고 실용적인 태도로 삶을 살아간다. 그러니 네덜란드에서 불평은 금물이다. 우울한 감정이나 슬픈 감정은 지극히 사적인 문제로 여겨지며 가족이나 친한 친구에게 토로하는 것이 보통이다. 유난스럽게 감정을 표현하면 신뢰할수 없는 사람이라는 평가를 받을 수 있다. 또 과하게 기쁨을 표현하면 그 기쁨은 진실된 감정이 아니라 가식으로 여겨진다. 물론 네덜란드인들도 기쁨을 표현하고 즐거운 시간을 갖는다. 금욕주의의 정신이 삶을 즐기는 것까지 막지는 않으니까 말이다.

청결과 건강

대다수의 네덜란드 가정은 안팎으로 정리정돈이 잘 되어 있으며 매우 청결한 상태를 유지한다. 청결은 대다수 네덜란드인의 마음속에 뿌리가 깊은 중요한 가치이다. 그리고 그 근원은 칼뱅주의로 거슬러 올라간다. 장 칼뱅은 청결이 경건과 밀접한 관련이 있다고 믿었고, 가사 노동자는 수다를 떨거나 다른 필요 없는 일에 시간을 허비하는 게 아니라 보람찬 일을 한다고 보았다.

비록 현재는 이런 종교적 믿음은 많이 사라졌지만 여전히 네덜란드인들에게 집을 깨끗하게 정리정돈하는 것은 가족에게 건강하고 행복한 환경을 제공한다는 의미에서 매우 중요한 일로 여겨진다.

네덜란드식 솔직함

사람들은 네덜란드인들의 직선적이고 솔직한 성격에 놀란다. 앞서 살펴본 것처럼 네덜란드인들은 어린 시절부터 자신의 의견을 표현하라는 장려를 받는다. 자신의 의견을 가감 없이 표현하는 이런 성격에 익숙하지 않은 사람은 그들의 의견을 단순한 지적이 아닌 비판으로 보고 받아들이기 힘들어 하기도 한다. 하지만 동시에 네덜란드인들은 상대방이 자신에게 본인의 생각을 솔직하게 표현하기를 원하고 지나치게 예의를 차리는 행동을 경계한다.

일반적으로 네덜란드인들은 영어의 '플리즈Please'에 해당하는 말을 자주 쓰지 않는다. 때문에 네덜란드인이 상대방에게 무언가를 부탁할 때 외국인의 귀에는 그들의 부탁이 갑작스럽고 조금은 퉁명스럽게 들릴 수 있다. 반면 플리즈는 자주 쓰지 않지만 '감사하다'라는 인사는 아주 중요하게 생각한다. 감사 인사로 공손한 표현은 "당 큐 벨Dank u wel.", 친한 사이라면 "당

• 타인의 소신을 존중하는 네덜란드인 •

한 영국인이 네덜란드인 친구 집에 방문했을 때 일어난 일이다. 친구가 커피를 한잔 하겠냐고 묻자 영국인은 영어의 '예스, 플리즈'에 해당하는 네덜란드어 "야 흐락(Ja graag)."이라고 대답했다. 친구는 곧이어 커피에 우유와 설탕을 넣겠냐고 물었고 영국인은 이전과 같이 공손하게 "야 흐락."이라고 대답했다. 그리고 잠시 뒤, 친구가 또 쿠키를 권하자 영국인은 '고맙다'라는 뜻의 "당크 예벨."이라고 대답했다. 그러자 네덜란드인 친구는 매번 그렇게 공손하게 말할 필요는 없다며 처음 '플리즈'를 말한 다음에는 '예스' 혹은 '노'라고 간단히 대답하면 된다고 했다. 이 말을 들은 영국인은 어린 시절부터 공손하게 대답하도록 교육받았고 네덜란드 사회에 맞추기 위해 이를 바꿀 생각은 없다고 했다. 네덜란드인 친구는 미소를 지으며 영국인의 뜻을 존중했고 손님의 '과도한' 예의 바름을 다시는 지적하지 않았다.

크 예 벨 Dank je wel."이라고 하며 된다. 감사인사에 대한 대답으로
는 '천만에요'라는 뜻의 "알스투블리프트 Alstublieft." 혹은 "알세
블리프트 Alsjeblieft."라고 하면 된다.

중년 이상의 네덜란드인들은 자기를 잘 모르면서 지나치게
친한 척하는 사람을 경계한다. 외국인은 네덜란드인이 자기를
대할 때 적당한 거리를 두고 속마음을 드러내지 않고 예의 바
르게 대한다는 느낌을 받을 수 있다.

네덜란드인과 친구가 되기 위해서는 노력이 필요하다. 하지
만 일단 친구가 되고 나면 누구보다도 친구에게 충실하고 헌
신하며 친구가 자신을 필요로 할 때면 언제든 어떻게든 달려
와 도와주려고 한다. 좀 더 젊은 세대는 가벼운 우정에도 열
린 마음을 가지고 솔직하게 상대방을 사귀고 대하는 경우가
많다.

허젤리히하이트

네덜란드인들의 삶에서 '허젤리히하이트 gezelligheid'라는 단어를
결코 빼놓을 수 없다. 네덜란드 사회의 핵심을 나타내는 이 단

어의 원형인 '허젤리흐 gezellig'는 사전적으로 '아늑한, 포근한'이라는 뜻이지만, 더 정확하게는 '편안하고 따뜻하며 강한 소속감이나 유대감을 느낄 수 있는 분위기나 상황'을 뜻한다. 즉, 허젤리히하이트는 혼자 즐기는 고독이 아니라 타인과 함께 어울리는 데서 오는 즐거움을 말한다. 네덜란드인이 당신과 함께 보내는 시간이 허젤리흐하다고 말한다면 이는 편안하고 즐거웠다는 뜻이므로 칭찬으로 알아들으면 된다.

공동체정신

허젤리히하이트는 '사람들과 어울리기 좋아하고 타인과 조화롭게 어우러져 살아간다'라는 뜻도 가지고 있다. 네덜란드인들은 사회규칙에 순응하는 것에서 안도감을 느끼고 이런 맥락에서 공동체정신은 삶에서 필수 불가결한 중요한 의미를 갖는다. 공동체정신은 공동체 내 약자에 대한 관심과 지원에서도 확인할 수 있다.

공동체정신의 단점을 꼽는다면 공동체 내에서 누군가가 그 어떤 방식이든 이웃에게 피해를 끼치고 있다고 생각되면 해당 거주민이나 단체에 직언하는 분위기가 조성되어 있다는 점이다. 직언의 대상은 정원을 깔끔하게 정리하지 않는 등 사소한 일부터 소동을 벌이는 극단적인 행동까지 다양하다. 이런 식의 지적은 네덜란드에서는 공동체에 대한 관심의 표현과 사회적 화합을 위한 노력으로 받아들여진다.

친한 사람과만 어울리려 하거나 비사교적인 사람은 '온허젤리흐 ongezellig', 즉 편안하지 않고 사교적이지 않다고 불린다. 구성원끼리 모여 즐거운 시간을 갖는 공동체활동 참여를 거부하면 사회의 구성원으로서 합당한 역할을 하지 않는 사람으로 간주된다. 비사교적이고 내성적인 성격을 타고난 사람이 네덜란드인 지인과 친구에게 공동체 구성원으로 인정받으려면 단체활동에 적극 참여하고자 노력해야 한다.

네덜란드인들은 지역 기반 단체에 자원하여 참여함으로써 그들의 공동체정신을 보여주고 사회는 그들의 공로를 가치 있게 여기고 지속적인 참여를 장려한다. 각 도시에는 이런 자원봉사를 조직하는 에이전시가 있고 매년 탁월한 공로를 세운 사람에게 표창을 수여하는 수상식이 열린다.

종교

가톨릭교도가 많았던 남부 지방이 네덜란드에서 분리독립한 뒤 네덜란드에는 칼뱅주의 신교가 질대적 우위를 차지했다. 명목상으로는 다른 종교도 용인한다고 했지만 실질적으로 19세기 후반까지 기타 종교는 칼뱅주의와 동등한 권리를 누리지 못했다.

19세기 후반, 네덜란드 개혁교회* 내 분열이 일어난다. 신학자이자 정치인이었던 아브라함 카이퍼는 네덜란드 개혁교회보다 엄격한 신칼뱅주의의 개혁교회를 세웠다. 그는 기존 네덜란드 개혁교회가 지나치게 진보적이라고 생각해 종교개혁기

의 엄격한 교리로 회귀할 것을 주장했다. 또 새로운 개혁교회 구성원에게 다른 공동체와 거리를 두어 기독교가 아닌 다른 신앙의 영향을 받지 말 것을 장려했다. 네덜란드 사회의 사회분화체계는 바로 여기서 비롯되었다. 그리고 이 사

---

* 종교개혁기에 생겨난 네덜란드의 개신교 교파이다. −옮긴이

회분화체계는 네덜란드 사회의 종교적 믿음이 약해지고, 또 종교는 달라도 같은 정치적 목표를 지향할 수 있음을 사람들이 깨닫기 시작하면서 해체되었다. 이 기류를 타고 가톨릭 정당과 칼뱅주의 정당이 연합한 통합정당인 기독민주당^{CDA}이 창당되었다.

오늘날 매주 교회예배에 참석하거나 특정 종교공동체에 소속된 사람은 과거에 비해 많이 줄었지만 그럼에도 네덜란드 전체 인구의 56%는 스스로를 종교인이라고 생각한다.

네덜란드에는 아직까지도 개혁교회가 상당한 영향력을 행사하는 소위 '바이블 벨트'가 제일란트주에서부터 오버레이설주에 걸쳐 대각선으로 위치하고 있다. 바이블 벨트에 속하는 마을과 도시의 일부 사람은 여전히 네덜란드 전통의상을 입고 다니며 정통 칼뱅주의 교리를 따르는 개혁교회 구성원도 있다. 이를테면 안식일인 일요일에는 창문 청

소, 세차, 잔디 깎기 등 그 어떤 일도 하지 않는다. 또 칼뱅주의자들은 성경에 대한 방대한 지식을 보유하고 있고 외부인은 그들이 성경의 가르침에 따라 산다고 생각한다.

네덜란드 개혁교회의 주류는 개혁교회보다 훨씬 더 진보적인 가치관을 가지고 있으며 네덜란드의 가톨릭교는 다른 엄격한 가톨릭교보다 더 유연한 사고를 보인다.

03

풍습과 전통

네덜란드인들은 종교적 기념일부터 역사적 기념일까지 다양한 국경일과 축제를 기념하고 즐긴다. 이들에게 공동체생활은 중요한 의미를 가지며 국가 같은 대규모 공동체와 도시나 마을 등 소규모 공동체에도 큰 자긍심과 자부심을 가지고 살아간다. 사람들이 함께 어울려 편안하고 즐거운 시간을 갖는 모습에서 네덜란드인들의 자부심과 소속감을 엿볼 수 있다.

네덜란드인들은 종교적 기념일부터 역사적 기념일까지 다양한 국경일과 전국의 축제를 기념하고 즐긴다. 국경일과 축제는 성대한 파티를 즐길 좋은 핑계가 되어주기 때문이다.

네덜란드인들에게 공동체생활은 중요한 의미를 가지며 국가 같은 대규모 공동체와 도시나 마을 등 소규모 공동체에도 큰 자긍심과 자부심을 가지고 함께 살아간다. 공동체의 기념행사와 더불어 사람들이 어울려 편안하고 즐거운 시간을 갖는 모습에서 네덜란드인들의 자부심과 소속감을 엿볼 수 있다.

국경일과 축제

국경일은 외국인이 현지인과 어울려 즐거운 시간을 보낼 수 있는 기회로, 연중 국경일과 축제일은 다음과 같다.

【 1월 1일 - 새해 】

새해가 밝은 1월 1일, 전야인 12월 31일을 휩쓴 화려한 불꽃놀이에 비할 바는 아니지만 정초에도 곳곳에서 불꽃이 터지는 소리를 들을 수 있다. 대다수는 12월 31일을 성대하게 기념하고 새해 첫 날은 조용히 집에서 보낸다. 산책을 하거나 자전거를 타는 사람도 있고 날씨가 추워 호수에 얼음이 얼었다면 스케이트를 타는 사람도 볼 수 있다.

【2월-카니발】

가톨릭공동체는 사순절 시작 전날인 참회의 화요일이 되기 전 주말에 카니발을 열고 기념한다. 어린이를 포함한 공동체 전원이 화려한 색상의 의상을 입고 퍼레이드에 참여해 볼거리를 선사하고 성대한 파티가 이어진다.

【 4월 1일 - 만우절 】

만우절이 되면 네덜란드에는 무려 예술의 경지에 이른 장난이 난무한다. 사람들은 거짓말로 서로를 놀리고 거의 모든 신문과 텔레비전 방송은 이후 거짓으로 밝혀질 기사를 게시하거나 방영해 만우절에 동참한다.

· 언론의 만우절 장난 ·

진보개신교 라디오 방송국인 VPRO 라디오는 렘브란트의 대표작 〈야경〉의 물감이 천천히, 하지만 분명하게 벗겨지고 있으며 늦어도 자정까지는 다 벗겨져 전체 이미지가 사라질 것이라는 안타까운 내용을 방송했다. 방송에 따르면 〈야경〉을 소장한 미술관은 전국의 미술 애호가들이 마지막으로 이 작품을 볼 수 있도록 저녁 8시에 다시 개관한다고 했다. 이 방송을 듣고 꽤 많은 사람이 미술관 앞에 모였다. VPRO 라디오의 리포터가 모여 있는 군중을 인터뷰하자, 사람들은 곧 그게 만우절 장난인 것을 알아채고 웃음을 터트렸다.

【 4월 - 박물관 주간 】

보통 4월 초, 네덜란드 전국의 많은 박물관과 미술관을 무료로 입장할 수 있는 박물관 주간이 열린다. 모든 사람이 문화를 즐길 수 있게 마련된 행사이지만 관광객이 많이 몰리는 암스테르담의 주요 미술관은 행사에서 제외된다. 입장료가 무료인 만큼 행사에 참여하는 박물관과 미술관은 수많은 인파로 붐빈다.

【 4월 27일 - 킹스데이 】

네덜란드 국왕 빌럼 알렉산더르의 생일인 4월 27일은 네덜란드를 대표하는 국경일이다. 이날이 되면 집집마다 빨강, 하양, 파랑으로 이루어진 네덜란드 국기와 오라녀나사우 가문을 상징하는 오렌지색 깃발을 꽂아 국왕이 태어난 날을 기린다. 매

년 이날을 기념해 국왕과 그의 가족은 군중의 환호 속에서 두 마을을 공식 방문한다.

킹스데이가 되면 곳곳에서 축제가 열리고 바닥에 담요를 깔거나 벼룩시장의 가판을 대여해 중고물품을 파는 가족으로 거리가 가득 찬다. 아이들도 거리로 나와 낡은 장난감과 헌옷을 팔거나 악기를 연주해 용돈을 번다. 대다수의 네덜란드인은 킹스데이를 맞이해 네덜란드를 상징하는 오렌지색 옷, 모자, 장신구 등을 착용하고 즐거운 시간을 보낸다.

【 5월 말 / 6월 초 - 첫 청어 수확을 기념하는 플래그데이 】

화려한 장식으로 단장한 네덜란드 마을 스헤베닝겐에서 열리는 축제로, 현지 사람들은 전통의상을 차려입고 이날을 기념한다. 잡은 청어 중 최상품은 국왕에게 바치고 경매를 통해 첫 청어 포획량을 판매한 뒤 수익금은 자선단체에 기부한다.

【 5월 중순 - 풍차의 날 】

네덜란드는 5월 둘째 주 토요일 혹은 일요일을 풍차의 날로 지정해 기념하고 있다. 풍차의 날이 되면 전국에 가동 중인 다수의 풍차를 개방해 시연하고 설명한다.

【 11월 11일 - 성 마르티노 축일 】

성 마르티노 축일이 되면 여러 명의 어린이가 함께 종이등불을 들고 이웃집을 두루 방문한다. 성 마르티노 축일에 부르는 전통노래를 부르고 사탕이나 과일 등의 간식을 받는다.

【 11월 중순~12월 초 - 성 니콜라우스 】

'신터클라스'라고도 불리는 성 니콜라우스의 기원은 4세기 지금의 터키에 해당하는 고대 소아시아 리키아의 미라 지방으로 거슬러 올라간다. 가톨릭에서는 1968년 성 니콜라우스가 실존했던 성인임을 분명히 하고 그를 기리던 고대 축일을 선택하여 기념할 수 있게 했다. 성 니콜라우스는 어려움에 처한 사람들의 친구이자 보호자로 널리 알려져 있으며 어린이, 선원, 학자, 여행자, 상인 등의 수호성인이다.

네덜란드의 산타클로스인 신터클라스는 스페인에서 배를 타고 그의 흑인 하인인 검은 얼굴의 피터와 함께 암스테르담으로 들어와 하얀 말을 타고 네덜란드의 주요 도시를 돌며 어린아이들에게 큰 기쁨을 준다. 네덜란드의 부모들은 자녀에게 신터클라스는 아이들이 올해 착했는지 나빴는지 모든 행실을 다 알고 있다고 하기 때문에, 아이들은 경외감에 가득 차 신터

클라스를 바라본다.

　검은 얼굴의 피터는 신터클라스와 함께 다니며 아이들에게 쿠키와 사탕을 나눠주며 보통 그 주변에는 춤을 추고 악기를 연주하는 광대가 따라다닌다. 피터는 말을 안 듣는 아이는 큰 선물 주머니에 넣어 데려가고 착한 아이에게만 사탕을 준다고 알려져 있다. 백인들은 검은 얼굴을 가진 피터를 흑인처럼 검게 칠해 연기하며 많은 지역이 이를 전통으로 받아들이고 있지만 최근에는 인종차별이라는 지적 때문에 예전보다는 조용하게 기념하는 추세이다.

　2015년 8월, 인종차별철폐위원회는 네덜란드 정부에 서신을 보내 검은 얼굴의 피터 전통에 내재된 인종차별적 고정관념에 우려를 표하며 이 전통이 소수 인종의 인권에 위배됨을 경고했다. 이 때문인지 최근 몇 년간 네덜란드에서는 이 전통을 인종차별로 보는 시위가 부쩍 늘었다. 그 결과 몇몇 주요 도시에서는 예전처럼 얼굴 전체를 검게 칠하지 않고 두 볼에만 살짝 검게 칠한 피터를 볼 수 있다. 이런 변화는 앞으로 더 많은 도시와 마을에 도입되어 원래 피부색의 피터를 많이 볼 수 있을 것이다.

신터클라스의 생일은 12월 5일로, 특히 어린 자녀가 있는 네덜란드 가정에서는 이날 저녁이 되면 가족끼리 선물을 주고받으며 기념하는데, 이를 네덜란드어로 '파켜스아본드'라고 한다. 아이들은 잠자리에 들기 전 신발을 밖에 내어놓고 다음날 아침에 일어나 신발 안에 신터클라스가 두고 간 선물을 확인한다. 꼭 아이들만 선물을 받는 것은 아니다. 성인도 비싸지는 않지만 정성껏 고른 깜짝 선물을 알아볼 수 없게 세심하게 포장해 서로 주고받는다. 보낸 사람란에는 신터클라스와 검은 얼굴의 피터 이름을 써서 전달하며 선물을 받는 사람의 특징이나 약점을 재치 있게 표현한 시를 써서 전달하기도 한다. 간혹 내용이 아주 날카로운 시도 있다. 선물을 받는 사람이 평소 즐기는 활동에 대한 시를 쓰고 그 활동과 관련된 선물을 주기도 한다. 지점토로 만든 컴퓨터나 축구공 모형이 좋은 예이다. 생일을 보낸 신터클라스는 12월 6일 스페인으로 돌아가 다음 겨울까지 그곳에서 지낸다.

【 12월 25~26일 - 크리스마스와 복싱데이 】

전통적으로 크리스마스 당일은 신터클라스 생일에 비해 조용히 지낸다. 교회를 가거나 크리스마스트리 아래에서 선물과 카드를 교환하는 등 가족과 조용히 보내는 편이다. 하지만 최근에는 미국이나 영국처럼 조금은 떠들썩하게 보내는 사람도 늘고 있다.

【 12월 31일 - 새해 전야 】

네덜란드인들은 1월 1일 0시 수많은 불꽃들이 하늘을 수놓는 가운데 새해를 맞이한다. 대도시에서는 대규모 불꽃놀이를 조직적으로 준비하기도 하지만 그 외 지역에서는 거의 찾아보기가 힘들다. 불꽃놀이 도구는 새해 며칠 전부터 판매허가를 받은 상점에 주문해서 수령할 수 있지만, 새해 전야 전에 불꽃을 터트리는 것은 불법이다.

보통의 가족은 12월 31일에서 1월 1일로 넘어가는 자정이나 새벽 1시경에 불꽃을 터트린다. 텔레비전에서 불꽃놀이 시 안전에 주의하라는 방송이 계속 나오지만 안전을 최우선으로 생각하지 않는 사람도 많아 매년 불꽃놀이로 인한 사고가 일어나기도 한다. 안전이 걱정된다면 실내에 머무르는 것이 가장 좋겠지만 네덜란드만의 특별한 새해 분위기를 놓치게 될 것이다. 그리고 네덜란드인들은 자정이 되기 전 집안에서 가족과 새해 축배를 든 뒤 거리로 나와 사람들과 악수하며 복된 새해 맞기를 기원한다. 보통 사과를 넣어 튀긴 빵인 아뻴플라뽄이나 건포도를 넣은 도넛의 일종인 올리볼렌을 먹는다.

연중 특별행사

네덜란드 전국 각지에서 열리는 특별행사를 정리해보았다.

1월 말 / 2월 초 로테르담 국제영화제가 열려 시내에 위치한 몇 몇 상영관에서 수준 높은 독립영화를 상영한다.

3월 남동부 림뷔르흐주의 주도 마스트리흐트에서 유러피안 파인 아트 페이가 열려 진 세계 딜러들이 모어든다. 또 이 무렵 남부 네 덜란드의 리세 부근에 위치한 큐겐호프 공원이 개장한다.

4월 4월 마지막 주에는 하를럼과 노르트베이크 사이의 구근재 배 지역에서 플라워 퍼레이드가 열려 꽃으로 화려하게 장식한 마차와 퍼레이드를 볼 수 있다. 또 암스테르담에서는 4월부터 6월 혹은 7월까지 월드 프레스 포토그래피 전시회가 열린다.

5월 / 6월 전국의 다양
한 마을에서 재즈와 블
루스 음악축제가 열린다.

6월 림뷔르흐주의 란트
그라프에서 핑크팝축제와
노천 팝앤록 음악축제가
열린다.

6월 / 7월 암스테르담에
서 홀란트축제가 열려 발
레, 연극, 오페라, 음악, 영
화를 감상할 수 있다. 야외에서 열리는 폰델파크축제는 춤, 어린이
공연, 연극, 음악 등 무료 공연을 선사한다.

7월 헤이그에서 북해 재즈축제가 열린다. 세계적인 재즈밴드들이
도시 곳곳의 야외에서 공연하는 대규모 행사이다. 로테르담 서머
카니발에서는 퍼레이드와 라틴 음악을 감상할 수 있다.

7월 말 / 8월 초 암스테르담에서 게이 퍼레이드가 열린다. 화려
하게 장식된 배를 타고 행진하는 유명한 운하 퍼레이드를 구경
할 수 있다.

8월 연극시즌이 교체되는 시기로, 암스테르담에서 무료 음악과 연

극 공연이 가득한 페스티벌인 에트마크트Uitmarkt가 열린다. 또 스헤
베닝언 국제불꽃축제가 열려 해변에서 멋진 불꽃놀이 대회를 한다.

9월 9월 초, 화훼경매장이 즐비한 알스메르와 암스테르담 사이에
서 플라워 퍼레이드가 열려 화려한 꽃마차와 밴드, 그리고 북을
든 고적대 등 풍성한 볼거리를 제공한다. 9월 둘째 주 토요일은
모뉴먼트데이로, 평소 대중에게 공개되지 않는 역사적 건물의 내
부를 구경할 수 있다.

11월 암스테르담 국제다큐멘터리영화제가 열려 영화 팬들과 종사
자들이 모여든다.

가족기념일

가족은 네덜란드인에게 중요한 의미를 갖는다. 가족기념일이면 모든 가족과 친구들이 모여 편안하고 즐거운 시간을 갖는다.

【 생일 】

네덜란드인들에게 생일은 중요한 기념일이다. 생일을 맞은 주인공의 가족과 친구들은 작은 선물을 준비해 그의 집에 모인다. 비싼 선물을 살 필요는 없지만 생일 당사자의 가족에게 미리 물어보고 어떤 선물을 좋아할지 정도는 알아보기를 추천한다. 생일 당사자가 만든 위시리스트가 있을 수도 있다. 요즘 네덜란드인들은 생일 파티에 참석할 수 없는 경우에만 카드를 써서 전달하고, 그렇지 않은 경우에는 보통 e-카드를 보내거나 소셜 미디어를 통해 생일 축하 메시지를 전달한다.

　만약 생일 파티에 초대되었다면 네덜란드어로 '생일을 축하합니다'를 뜻하는 "허펠리시티어르드 Gefeliciteerd!"를 배워 가자. 많은 사람이 생일을 맞은 주인공에게 '당신의 생일을 축하합니다'라는 뜻의 "허펠리시티어르드 메트 예 페르야라흐 Gefeliciteerd met je verjaardag!"라고 인사를 건네며, 생일 당사자가 자신의 아들이라면 '아들의 생일을 축하한다'라는 뜻의 "허펠리시티어르드 메트 드 페르야라흐 반 예 준Gefeliciteerd met de verjaardag van je zoon!"을, 생일 당사자가 자신의 아내라면 '아내의 생일을 축하합니다'라는 뜻의 "허펠리시티어르드 메트 드 페르야라흐 반 예 프로우Gefeliciteerd met de verjaardag van je vrouw!"를, 생일 당사자가 자신의 어머니라면 '어머니의 생신을 축하합니다'라는 뜻의 "허펠리시티어르드 메트 드 페르야라흐 반 예 모데르Gefeliciteerd met de verjaardag van je moeder!" 등의 축하인사를 건넨다.

생일 파티는 보통 집에서 여는데, 정식 초대장이 없는 경우가 많다. 이전에 그 집에 초대받아 가본 적이 있다면 생일 당사자는 당신도 올 거라고 기대할 것이다. 파티 시간대는 정해져 있거나 그렇지 않은 경우도 있다. 후자의 경우 호스트에게 언제 가면 좋을지 물어보는 것이 좋다. 보통 손님은 오전 10시부터 도착하기 시작한다. 손님에게는 먼저 커피와 케이크, 달콤한 페이스트리를 권하고 커피 두 잔을 마신 뒤에는 술이나 탄산음료, 그리고 짠 스낵을 권한다. 파티 분위기가 아무리 즐겁고 편해도 하루 종일 머무는 것은 금물이다.

네덜란드인들은 50세 생일을 특별히 성대하게 기념한다. 전통적으로 50세 생일을 맞은 주인공은 성숙과 지혜를 가지는 나이에 이르렀다고 여겨지고, 50세 생일을 맞은 여성은 '사라' 남성은 '아브라함'이라고 부른다. 자신의 50세 생일을 맞아 파티를 연 집의 정원 앞에는 지푸라기로 만든 남성 혹은 여성 인형이 '50세 생일을 축하합니다 Gefeliciteerd Wout/Hennie-50 vandaag'라는 배너나 깃발을 들고 서 있는 모습을 볼 수 있다.

【 결혼식 】

결혼식도 공을 들여 기념하는 가족행사 중 하나로, 네덜란드의 결혼식은 시청에서 진행해 법적으로 인정받는다. 신랑과 신부는 시청결혼식 외에 교회예배를 선택하기도 한다. 먼저 가까운 가족을 초대해 결혼기념 식사를 하고, 그런 다음 먼 친척, 친구, 지인까지 초대해 더 큰 피로연을 갖기도 한다.

결혼식 초대장에는 보통 신랑과 신부 측 친한 친구나 친척이 맡는 식 주관자의 이름, 전화번호, 이메일이 나와 있으니 신랑과 신부에게 선물을 하고 싶다면 결혼선물을 관리하는 이 식 주관자에게 문의해 선물목록을 확인하는 것이 좋다. 선물 대신 축의금을 주는 경우에는 봉투에 현금 혹은 수표와 축하 메시지를 쓴 카드를 넣어 축의금 상자에 넣으면 된다.

규모가 큰 파티에서는 가까운 친척이 신랑과 신부에 대한 재미있는 일화를 소재 삼아 놀리듯 노래를 지어 부르는 모습을 흔히 볼 수 있으며 직접 찍은 동영상을 상영하기도 한다.

【 출생 】

아기가 태어나면 앞마당에 분홍 혹은 파랑 깃발과 풍선으로 장식을 하고 빨랫줄에 분홍 혹은 파랑 인형 옷을 널어 아기가 태어났음을 이웃에게 알린다. 또 커다란 판지로 만든 황새 표지판을 걸고 그 위에 아기가 태어난 날, 이름, 몸무게를 써 놓는다. 부모는 가족이나 친구에게 카드를 보내 아기가 태어났음을 알리고 방문할 수 있는 날짜와 시간을 알려주는데, 방문을 할 경우 미리 연락해 약속을 정해야 한다. 아기를 보러 간다면 옷, 사진첩, 장난감 등 자그마한 아기선물과 산모를 위한 꽃을 사서 간다. 부모는 아기를 보러 온 손님에게 커피와 차(네덜란드인들은 차를 마실 때 우유는 넣지 않고 취향에 따라 설탕을 넣어 마심), 아기의 성별에 따라 분홍 혹은 파랑 설탕 알갱이를 뿌린 과자인 비스킷 멧 모이셔스를 대접한다.

【 결혼기념일 】

모든 사람이 결혼기념일을 기념하는 것은 아니지만 일부는 특별하게 생각해 파티를 열기도 한다. 특히 결혼 12.5주년, 25주년, 50주년을 기념하는 경우가 많다.

파티에 참석하는 경우 부부의 가까운 가족이 주체가 되어 부부에 대한 이야기책을 준비해 선물하는데, 참석자들에게 부부의 결혼식 날 있었던 일화 등 재미있는 이야기와 인사말을 책에 써 달라고 부탁하기도 한다. 식을 진행하는 사회자를 두는 경우도 있다.

기념일을 맞은 부부를 위해 가족이나 친구가 직접 쓴 노래를 함께 부르는 행사에 참여해 달라고 부탁을 받을 수도 있다. 가사가 쓰인 종이의 네덜란드어를 읽거나 이해할 수 없다면 허밍으로 코러스를 넣어줘도 된다.

【 퇴임식 】

퇴임식은 종종 퇴직자를 위해 소속 회사가 준비하는데, 퇴직자는 가족이나 직장 동료 등 제한된 인원을 초대할 수 있다. 회사가 어느 규모로 퇴임식을 열어주느냐에 따라 초대 손님에게 대접하는 메뉴는 커피와 케이크처럼 간단한 다과부터 다양한 음식이 마련된 뷔페까지 달라질 수 있다.

보통 퇴직자에게 주는 선물은 직장 동료가 갹출하여 마련하며 직장 동료가 아닌 사람은 따로 준비한 선물을 가져온다. 회사에서 퇴임식을 열어주지 않는 경우에는 가족이 대신 열어주는 경우가 많다.

역사적 기념일

역사적 기원과 의미를 가진 국가적 행사의 기념일이다.

5월 4일 네덜란드 현충일Dodenherdenking로, 제2차 세계대전이 발발해 전장에서 죽은 모든 희생자를 기리는 날이다. 집집마다 조

기를 게양하고 저녁 8시에는 추도식을 열어 2분간 침묵의 시간을 갖는다. 거의 모든 사람이 죽은 희생자를 기리며 이 침묵의 시간을 지킨다.

5월 5일 독립기념일Bevrijdingsdag은 1945년 연합군에 의해 얻은 네덜란드 해방을 기념하는 날로 집집마다 국기를 게양한다.

6~8월 이 기간에는 전국 각지에서 지역축제가 열린다. 역사적 사건이나 민속전통을 기념하는 축제가 많아 네덜란드 역사와 각지의 서로 다른 풍습을 배울 수 있다.

9월 9월에는 네덜란드 의회 개원을 알리는 일명 프린스데이가 있다. 9월 셋째 주 화요일, 네덜란드 국왕은 황금색 마차를 타고 환

호하는 시민들의 행렬을 지나 헤이그의 의회로 가서 그해 정부 정

책의 개요를 발표한다.

04

친구 사귀기

네덜란드인들은 매우 사교적으로, 가족과 친구, 그리고 지역공동체 내에서 끈끈하고 단단한 관계를 맺으며 살아간다. 타인과 가까운 관계를 맺으며 사는 것은 삶에서 아주 큰 부분을 차지하며 덕분에 그들은 사교적 상황에서 편안한 태도로 대화를 이끌어 나가는 데 탁월하다. 대다수의 네덜란드인은 타인에게 관심을 보이며 네덜란드를 방문한 외국인이 편안함과 따뜻함을 느끼기를 바란다.

네덜란드인들은 매우 사교적이다. 가족과 친구, 그리고 지역공동체 내에서 끈끈하고 단단한 관계를 맺으며 살아간다. 타인과 가까운 관계를 맺으며 사는 것은 삶에서 아주 큰 부분을 차지하며 사회에서 조화롭게 살아가기 위해 타인과 관계를 맺는 일에 많은 시간을 투자한다. 덕분에 그들은 사교적 상황에서 편안한 태도로 대화를 이끌어 나가는 데 탁월하다.

대다수의 네덜란드인은 타인에게 관심을 보이며 네덜란드를 방문한 외국인이 편안함과 따뜻함을 느끼기를 바라지만, 도시 사람들의 경우 자기 생활이 너무 바빠 새 친구를 만들 여력이 없고 아주 시골에서는 이방인과 접촉하기를 꺼리는 등 예외는 있다. 하지만 관계 초반의 장애물을 넘고 나면 그들 특유의 따뜻함을 느낄 수 있다.

네덜란드인들은 아주 어려서부터 사회적 상호작용이 중요함을 배우고 사회적 행사에 참여할 것을 장려받는다. 이는 성인이 된 뒤에도 지속적으로 영향을 미쳐 가족행사, 친구와의 정기적인 모임, 클럽, 사회와 지역공동체 등 다양한 관계에 소속되어 활동한다. 이렇게 분주한 사회생활은 관습과 전통에 따라 순조롭게 운영된다.

또 네덜란드인들은 즉흥적인 방문보다 미리 약속을 정하는 편이며 각 방문유형에 따라 사회적으로 정해져 있는 만남의 시간대를 따르는 편이다.

외국인을 대하는 태도

보통 네덜란드인들은 외국인에게 아주 친절하다. 외국인이 도움을 요청하면 흔쾌히 도와주는 모습을 볼 수 있으며 누군가와 대화를 나누고 싶다면 서툴러도 네덜란드어로 이야기를 시작해보기를 추천한다. 외국인이 서툰 네덜란드어로 말을 걸어오면 대다수의 네덜란드인은 미소를 지으며 대답할 것이다. '영어 할 줄 아시나요?'라는 뜻의 네덜란드어 "스프렉 투 엔올스 알스투블리프트Spreekt u Engels alstublieft?"로 말을 걸어보라. 아마 상대방은 곧장 영어로 대답할 것이다. 네덜란드인들은 언어능력이 탁월해 외국인과의 영어대화를 즐기기 때문이다.

대다수는 인종차별을 용인하지 않으며 대체적으로 유쾌하게 외국인을 대한다. 또 외국인을 만나면 그 사람 나라의 정책에 대해 자신의 의견을 말하거나 외국인의 의견을 물을 수도 있으니 대비하는 것이 좋다.

　네덜란드에 한동안 체류한다면 네덜란드인의 집에 초대를 받을 수도 있다. 외국인에 대해 호기심을 가지고 있으며 사교를 통해 그들에 대해 더 많이 알고자 한다. 하지만 가족, 그리고 오랜 친구와 이미 아주 단단한 관계를 맺고 있기 때문에 새로운 친구에게 많은 시간을 할애할 수는 없을 것이다. 마음이 통하는 누군가를 만나 우정을 더 발전시키고 싶다면 당신이 주도권을 가지고 인내하며 관계를 발전시켜야 한다. 하지만 상대방이 만나자는 제안을 두 번 이상 거절한다면 물러서는 편이 좋다.

　네덜란드에는 '고양이는 안전한 나무 위에 올라가 내려다

본다', 즉 '호기심은 갖되 경계하라'라는 뜻의 속담이 있다. 일부 네덜란드인은 외국인에게 관심은 가지고 있지만 어쩌면 외국어를 잘 못해서 혹은 외국인에게 쏟을 시간과 에너지가 부족해서 관계 맺기를 주저할 수 있다. 그들과 만나 관계를 맺고 싶다면 그 성공여부는 온전히 외국인인 당신에게 달려있다. 기본적인 네덜란드어를 배우고 먼저 손을 내밀어보라. 네덜란드인들이 즐기는 모닝커피 시간을 함께하는 것이 좋은 출발점이 될 수 있다. 대화를 이어가는 데 도움이 되도록 조국이나 고향의 사진 몇 장을 들고 가는 것도 좋다. 또 둘 사이가 더 편해지기 전까지는 만남의 시간을 짧게 유지하는 편이 좋다.

네덜란드인을 만나는 법

네덜란드인이 먼저 다가오기를 기다리지 않고 내가 주도해서 사람을 만날 준비가 되었다면, 네덜란드인을 만나기는 그다지 어렵지 않다. 직장 동료와 친구가 되어 회사 밖에서 만날 수도 있다. 또 많은 사람이 스포츠 클럽이나 단체에 가입해 활동하는 만큼, 이런 곳에서는 유사한 취미나 흥미를 가진 사람을 만나기가 좋다. 실용적인 무언가를 함께한다면 상대방이 외국어를 잘 구사하지 못해도 쉽게 소통할 수 있다.

다음으로 네덜란드인을 사귀는 데 중요한 것은 관계를 위해 인내심을 가지고 꾸준히 노력하는 것이다. 나와 친구가 되면 좋을 것이라고 그들을 설득할 책임은 당신에게 있다. 진정한 친구가 되기까지 비록 시간은 조금 걸릴지라도 일단 친구가 되고 나면 그들은 늘 내 편을 들어주는 충실한 벗이 될 것이다. 네덜란드에 있는 동안 다양한 사람을 만나보면서 더 알고 싶은 사람을 찾아보라. 새 주택 혹은 아파트로 이사를 가

면 이웃에게 당신을 소개하고 그들을 초대해서 커피나 가벼운 술 한잔을 함께해도 좋다.

만약 누군가에게 만나자고 제안하려 한다면 빈말이 아닌 진심으로 말하고 무엇보다 약속을 실제로 지키는 것이 좋다. 그렇지 않으면 가벼운 사람으로 여겨지고 다음번 만나는 자리에서 상대방에게 냉대를 받을 수도 있다. 또 네덜란드인들에게는 단도직입적으로 내 의견을 표현하는 것이 중요하다. '한 번 볼 수도 있겠지'라고 생각하면서 '만나자'라고 말하지 말고, '만나기 싫다'라고 생각하면서 '한 번 볼 수도 있겠지'라고 말하지도 말라. 네덜란드인들은 이렇게 얼버무리는 답변을 불쾌하고 무례하게 여긴다.

친구 아니면 지인

아주 빨리 네덜란드인과 친구가 될 수 있을 거라고는 생각하지 않는 편이 좋다. 관계가 아주 잘 진전되는 것처럼 보여도 상대방은 당신을 그저 알고 있는 지인 정도로 생각할 가능성이 크다. 기분 나쁘게 생각할 필요는 없다.

네덜란드인들은 총 두 단계의 가족과 친구를 갖는다. 부모, 형제자매같이 아주 가까운 가족은 '햇 허진'이라고 하고 이모, 삼촌, 사촌 등 친척은 '드 파밀리'라고 한다. 또 아주 오랫동안 알고 슬픈 일과 기쁜 일을 함께 겪으며 우정을 쌓아온 친구는 '프린덴'이라고 하고 좋아하기는 하지만 가끔 만나고 아주 잘 알지 못하는 친구는 '케니센'이라고 한다. 프린덴은 믿을 수 있고 충실한 친구를 말한다. 이방인이 네덜란드인의 친한 친구 그룹이나 가족에게 받아들여지고 프린덴으로 불리기까지는 상당한 시간과 노력이 소요된다.

네덜란드인이 당신을 친구가 아닌 지인이라고 부른다고 해서 당신을 싫어하거나 받아들이지 않는다는 의미가 아니라, 그저 아직 친한 친구가 아니라는 의미일 뿐이니 상심할 필요는 없다.

인사

네덜란드인들은 격식을 갖추어 인사한다. 개인적으로 만나든 사업차 만나든 나를 소개할 때는 상대방의 손을 단단히 잡고 미소를 지으며 눈을 정면으로 바라보면서 통성명한다. '안녕하세요. ○○○입니다' 하고 인사하는 식이다.

네덜란드인이 자기소개를 할 때 성은 생략하고 이름만 말하는 경우 보통은 그 사람을 이름으로만 불러도 됨을 의미한다. 하지만 윗사람과 대화하는 경우 상대방이 먼저 자신을 이름으로 불러도 괜찮다고 말해줄 때까지는 성으로 불러 예의를 차리는 것이 좋다.

사교 모임에 참석했다가 자리를 떠날 때는 나가기 전에 사람들과 악수하며 인사해야 한다. 많은 인원이 참석한 모임의 경우 사람들 전체를 향해 손을 흔들며 인사해도 괜찮지만 호스트와는 반드시 악수를 해야 한다. 상대방과 친한 경우 유럽 스타일로 양 볼에 번갈아 세 번 키스해 인사할 수도 있다. 하지만 남자들끼리는 보통 볼 키스 대신 악수로 대신한다.

네덜란드에서는 아이들도 악수로 인사한다. 아이들은 사교 모임에 도착하면 모임에 참석한 사람들 사이를 돌아다니며 악수를 청하고 격식을 갖추어 '안녕하세요' 하고 인사하고 자리를 떠날 때도 호스트에게 악수를 청하고 '감사합니다' 혹은 '안녕히 계세요'라고 인사하도록 교육받는다.

클럽과 단체 가입, 수업 등록

네덜란드의 거의 모든 활동에는 클럽과 단체가 존재하며 인기도 매우 높다. 클럽과 단체 가입은 비슷한 관심사를 가진 네덜란드인들을 만날 수 있는 아주 좋은 방법이다. 가입 가능한 클럽과 단체는 온라인에서 찾아보거나 현지 도서관이나 시청에 문의하면 최신 정보를 얻을 수 있다.

친구를 사귀는 또 다른 좋은 방법은 네덜란드어 수업에 등록하는 것이다. 네덜란드어 몇 마디만 배워도 그들과 함께 어

울리고자 하는 당신의 노력을 높이 평가해 친구 사귀기가 훨씬 수월해진다. 지역마다 네덜란드어와 다양한 언어를 교육하는 기관이 소재해 있다. 이밖에도 다양한 교육대학에서 언어과정을 운영하고 있다. 수업료는 조금 더 비싸지만 정부가 정한 기준에 맞추어 수업을 진행한다. 자세한 정보는 각 지역 대학의 홈페이지에서 확인할 수 있다.

• 네덜란드에 거주하는 외국인을 위한 정보 •

규모가 있는 도시에는 다양한 외국인 클럽이 있어 사람들을 만나기 좋다. 대사관에 문의하거나 다음 출판물에 게시된 단체목록을 참조하면 된다.

- **ACCESS 매거진**: ACCESS 매거진은 헤이그와 암스테르담에 지부를 둔 비영리기관으로, 네덜란드에 거주하는 영어를 구사하는 사람에게 클럽·단체 연락처와 다양한 주제에 대한 정보를 제공한다.

- **NL 타임스**: 네덜란드에 거주하는 외국인공동체와 관련된 정보를 담은 전국지이다.

- **www.expatica.com**: 네덜란드 삶에 대한 거의 모든 정보를 제공하는 웹사이트로, 클럽·단체 목록도 찾아볼 수 있다.

초대

네덜란드인들은 손님이 환영받는다고 느끼고 편안하게 있을 수 있도록 최선을 다해 노력한다. 네덜란드인이 집, 사무실, 자기 소유의 상점 등 자신의 공간에 손님을 초대한다면 손님이 안락함을 느끼도록 책임지고 노력하는 모습을 볼 수 있다. 만약 네덜란드인의 사무실을 주기적으로 방문하게 된다면 처음 몇 번의 방문 이후에는 동료 대접을 받을 것이다.

【집초대】

네덜란드인의 집에 초대를 받았다면 가능한 한 초대에 응하는 것이 좋다. 수긍할 수 있는 이유 없이 초대를 거절할 경우 다시는 초대를 받을 수 없을지도 모른다. 호스트는 각별히 신경

써서 따뜻하고 안락한 분위기를 조성해놓고 필요한 모든 준비를 마친 뒤 손님을 맞이한다. 약속시간은 꼭 지키도록 한다. 너무 일찍 도착해도, 약속시간보다 10분 이상 늦어도 무례라고 여기니 주의한다. 그리고 네덜란드인이 집에 누군가를 초대해 집 전체를 구경시켜주는 일은 거의 없으니 기대하지 않는 편이 좋다.

네덜란드인의 집에 사전 약속 없이 무작정 들르는 것은 금물이다. 잘 모르는 사람일수록 사전에 약속을 해야 하며 친한 사이라도 아침에 전화해서 오후 정도에 들러도 될지 물어보는 것이 좋다.

〔 초대유형 〕

네덜란드의 기본적인 초대유형을 알아보면, 낮에 집에 있는 사람의 경우 모닝커피 시간은 친구나 이웃의 근황을 듣고 서로 이야기를 나누기 좋은 기회이므로 네덜란드인 친구가 주말에 갖는 모닝커피 모임에 초대받아 간다면 먼저 막 뽑은 진한 커피 한 잔을 대접받을 것이다. 호스트는 커피에 넣어 마시도록 달콤한 농축우유나 따뜻한 우유거품, 그리고 커피에 곁들일 쿠키와 케이크도 내올 것이다.

　호스트가 권하기 전에 먼저 음식을 먹는 행동은 무례하다고 여겨지므로 그러지 않도록 한다. 호스트가 '마음껏 드세요'라고 말했다고 해도 비스킷 하나와 케이크 한 조각 정도를 먹은 뒤 다시 호스트가 권할 때까지 기다리는 것이 예의이다. 차려놓은 음식을 혼자 다 먹어서는 안 된다.

　저녁식사에 초대받았다면 식사는 저녁 6시 30분이나 7시 정도에 시작할 확률이 높으니 약속시간에 늦지 않게 도착하는 것이 좋다. 식사 도중 누군가 건배를 제의한다면 잔을 들어 '건배'를 뜻하는 "프루스트 Proost!"를 외치면 된다. 식사 뒤 더 대화를 나누겠지만 호스트가 너무 늦게 잠자리에 들지 않도록 오래 머물지 않도록 한다. 주중에 저녁식사 초대를 받아 네덜란드인의 집에 방문한다면 밤 10시 반에서 11시 사이에는 자리를 뜨도록 한다. 주말에는 조금 더 오래 머물러도 괜찮다.

저녁 7시 반에서 8시 사이에 한잔 하러 오라고 초대를 받았다면 이는 저녁식사 초대가 아니다. 초대받은 집에 가기 전에 식사를 해서 배를 채우되 간식 먹을 정도의 배는 남겨두는 것이 좋다. 도착하면 호스트는 먼저 커피와 달콤한 타르트를 권하고 이어서 술이나 탄산음료와 짠 스낵을 권할 것이다. 끝까지 커피나 차만 마시면 비사교적인 사람이라 여겨질 수 있으니 술을 마시고 싶지 않다면 과일주스나 탄산음료를 달라고 하면 된다.

선물

일반적으로 네덜란드인들은 직장 동료의 생일이나 장기근속 축하일 혹은 퇴임식 등의 특별한 날이면 당사자에게 선물을 준다. 보통 팀이나 부서 차원에서 갹출해 선물을 준비하는데, 이 경우에는 개별적으로 선물을 준비할 필요는 없다. 다른 나라에서 온 방문객에게는 회사 차원에서 선물을 주기도 한다.

선물은 사회생활의 중요한 부분이기도 하다. 네덜란드인 친구 집에 처음 초대받아 가거나 식사 초대를 받은 경우 보통 꽃이나 특별한 초콜릿, 좋은 품질의 와인 한 병을 선물로 사서 간다. 모닝커피 시간에 초대받아 가는 경우 처음 참석하는 자리가 아닌 이상 선물을 살 필요는 없지만 수제쿠키나 내 나라의 특산품 등을 가져가면 좋아할 것이다. 네덜란드인들은 손님이 선물에 많은 돈을 지출하기를 원하지 않는다. 그들에게 비싼 선물은 돈 낭비이고 다음번 당신의 집에 방문할 때 의무적으로 그만큼의 지출을 원하지 않는다.

05

일상생활

네덜란드는 상대적으로 풍요로운 국가로, 대도시 지역에 빈곤층이 존재하기는 하지만 대다수의 국민이 높은 수준의 삶을 누리고 있다. 사람들은 직장 혹은 자원봉사 등의 일과 가정생활, 기타 공동체생활, 야외활동 등으로 구성된 사생활의 균형을 유지하며 살아간다.

네덜란드인들은 매우 가정적이다. 가족과 함께 편히 쉬고 즐거운 시간을 보내는 공간으로 만들기 위해 집 안팎을 정리하고 꾸미는 데 신경을 많이 쓴다.

삶의 질

네덜란드는 여전히 상대적으로 풍요로운 국가로, 대도시 지역에 빈곤층이 존재하기는 하지만 대다수의 국민이 높은 수준의 삶을 누리고 있다. 사람들은 직장 혹은 자원봉사 등의 일

과 가정생활, 기타 공동체생활, 야외활동 등으로 구성된 사생활의 균형을 유지하며 살아간다. 2014년부터 경기가 회복되면서 국가 실업률은 감소했고 부동산 가격은 꾸준히 상승하고 있다.

주거환경

아파트와 주택은 협소한 편이며 네덜란드인들은 주어진 공간을 최대한 활용하는 데 탁월한 능력이 있다. 공간을 최대한 활용하기 위해 계단을 가능한 한 좁고 가파르게 설계하며 대부분의 주택 내 다락방을 거실이나 침실, 세탁실로 이용한다.

아파트 단지의 경우 주민이 공동으로 이용하는 공간은 규칙이 존재하므로 임대계약서에 서명하기 전 입주자 의무를 꼭

확인해야 한다. 규칙을 위반할 경우 다른 주민의 반감을 사게 되며 누군가가 찾아와 당신의 행동이 규칙에 위배됨을 말해줄 수도 있다. 또 공동공간의 유지보수 의무는 경비원과 집주인에게 있는 것이 아니라 입주민에게 있는 경우도 있으니 확인해야 한다.

깨끗하게, 단정하게, 안락하게

공간활용을 중요하게 생각하는 네덜란드인들에게 정리정돈 역시 매우 중요하다. 부모는 어린 자녀도 집을 깨끗하게 정리하고 청소하는 데 참여하도록 한다.

네덜란드인들은 깨끗함과 정리정돈을 강조하는 문화 속에서 안락하고 따뜻한 분위기를 조성해왔다. 그리고 이런 영향 때문에 집을 안락하고 편안하게 꾸미는 데 매우 탁월한 능력이 있다.

가구

네덜란드에 한동안 체류하기 위해 집을 임대하려 한다면 부동산 중개인의 도움을 받을 것을 추천한다. 임대계약 체결에 대한 네덜란드 법은 매우 복잡하므로 전문가의 도움을 받는 것이 좋으며 지인에게서 괜찮은 가격에 좋은 서비스를 제공하는 중개인을 소개받는 것이 가장 좋다. 보통 평판이 좋은 부동산 중개사무소는 네덜란드부동산중개업자협회[NVM]에 소속되어 있다.

네덜란드 인구의 40% 이상은 자가를 소유하지 않고 집을 임대해 생활한다. 따라서 네덜란드에서 집 구하기 경쟁은 엄청나게 치열하다. 집을 구할 때는 여러 지역을 두루 둘러보다 마음에 드는 매물이 나타나면 재빨리 계약해야 한다.

'가구가 비치되어 있지 않은 kaal' 집은 말 그대로 텅 빈 집으로, 기본적인 부엌과 욕실은 마련되어 있지만 조명, 바닥, 가전제품 등은 세입자가 직접 마련해야 한다. '어느 정도 가구가 비치된 gestoffeerd' 집은 조명, 바닥, 커튼, 일부 기본적인 가전제품이 마련되어 있는 집으로, 정확히 어떤 구성이 포함되어 있는지는 계약 전에 확인해야 한다. '가구가 비치된 gemeubileerd' 집은 당장 입주해도 될 만큼 모든 것이 갖추어진 집으로, 식기, 부엌의 가전제품, 조명, 바닥 등이 포함되어 있다. 하지만 식기세척기, 텔레비전, DVD 플레이어, 라디오, 침구, 오븐 등은 세입자가 마련해야 할 수도 있다.

네덜란드의 집에는 대형 냉장고나 세탁기 등을 둘 자리가 부족해 가전제품은 소형인 경우가 대부분이고 세탁기는 냉수에만 연결되어 있다. 많은 외국인이 네덜란드에서 새 가전제품을 사서 이용하다가 네덜란드를 떠날 때 다른 외국인에게 중고로 판매한다.

부동산을 임대할 때는 보통 입주 전 1개월 치 월세를 사전에 지급하고 추가로 1~2개월 치 월세를 보증금으로 지급한다. 임대계약마다 월세에 포함된 공과금의 종류가 다르므로 계약

내용을 정확히 확인해야 한다. 세입자가 직접 납부해야 하는 공과금은 고지서를 바로 받을 수 있게 설정해 요금을 납부하도록 한다. 공동공간의 유지보수 등 공동으로 분담하는 비용도 확인하도록 한다.

이사 전에는 입주할 집에 마련된 물품목록을 정리하고 상태를 확인해야 한다. 이 작업을 제대로 하지 않을 경우 나중에 이사를 나갈 때 입주 전 발생한 손상에 대해서도 비용을 지불해야 할 수도 있다.

네덜란드의 임대법은 대체로 세입자에게 유리하다. 부동산 중개인을 고용할 경우 중개인이 세입자의 권리를 자세히 설명해줄 것이다. 부동산 중개인이 없는 자리에서 집주인과 단둘이 임대계약을 논하는 것은 금물이다. 구두계약도 법적으로 효력이 있는 데다, 어딜 가나 상대방의 부족한 지식을 기회로 활용하려는 부도덕한 사람들이 있기 마련이니 조심하는 것이 좋다.

작은 글자들이 빼곡한 계약서를 꼼꼼하게 읽어보고 모르는 부분이 있다면 계약서에 서명하기 전 전문가에게 조언을 구하도록 한다.

전자기기

네덜란드는 230V, 50Hz, 두 갈래의 둥근 핀 플러그를 사용한다. 일반직으로 전사기기의 경우 본국에서 가져오는 것보다 네덜란드 현지에서 구입해 사용하다가 떠날 때 중고로 판매하는 것이 합리적이다.

신분증

네덜란드는 비의무적 신분증제도를 시행 중이다. 14세 이상의 시민은 경찰이나 기타 공무원의 요청을 받을 때를 대비해 항상 일종의 신분증명서를 소지하고 다녀야 한다. 대다수는 신분증을 소지하고 다니지만 운전면허증이나 여권 등 다른 형태의 신분증을 사용해도 된다. 네덜란드를 방문한 외국인 역시 항상 신분증명서를 소지해야 한다. 한국인의 경우 네덜란드에 3개월 미만 체류 시 유효한 여권만 있으면 비자는 필요 없다. 네덜란드에 3개월 이상 체류할 계획이라면 네덜란드 이민국[IND]에 체류신분 변경에 대한 자세한 정보를 문의해야 한다.

유럽연합 시민이 아닌 경우 네덜란드에서 일을 하려면 외국인을 대상으로 발급하는 취업허가증을 받아야 한다. 또 세금과 의료보험료 납부를 위해 시청에서 각 개인에게 발급하는 고유번호인 BSN 번호도 받아야 한다.

앞서 설명한 신분 관련 등록을 위해서는 여러 관료주의적 절차를 거쳐야 하므로 인내심이 필요하다. 하지만 네덜란드에 장기 체류를 하면서 신분 등록을 하지 않는다면 제대로 된 삶을 누리기가 불가능할 것이다.

일상생활

네덜란드인들은 오전 6시 반에서 7시 반 사이에 기상해 온 가족이 모여 아침식사를 한 뒤 각자의 직장과 학교로 간다. 주말에는 조금 더 늦게 기상하는 경우도 많다. 네덜란드 가정에서 머물게 된다면 호스트 가족의 생활 패턴에 맞추어 생활해보는 것도 좋다. 호스트에게 평소 어디를 가고 무엇을 하는지 물어보자. 일부 네덜란드 가족은 일요일이면 교회에 간다.

보통 아침식사는 빵, 햄, 치즈, 삶은 달걀, 잼과 달콤한 토

핑류, 요구르트, 시리얼 등으로 구성된다. 그리고 호스트는 차, 커피, 우유, 과일주스 등을 당신에게 권할 것이다. 대다수는 오전 7시에서 8시 사이에 출근을 하고 학교는 8시 15분에서 8시 30분 사이에 시작한다.

점심은 치즈, 고기 샌드위치, 스프, 달걀프라이, 햄, 빵 등으로 가볍게 먹는다. 음료는 과일주스, 우유, 물, 차, 커피, 맥주 등을 마신다. 대다수의 아이들은 집에 돌아와 점심을 먹고(특히 초등학교 연령대) 학교에 도시락을 싸가는 경우도 있다. 그리고 오후 3시 반 정도에 집에 돌아와 가벼운 간식을 먹고 스포츠나 다른 과외활동에 참여한다. 물론 9세 이상의 아이들은 숙제도 해야 한다.

하루 중 주요 식사는 저녁식사로, 대부분 6시경에 가족이 함께 모여 식사한다. 보통 고기, 감자, 야채 등으로 구성된 음식을 먹지만 최근에는 피자, 파스타, 밥이나 면 요리 등 외국 음식도 인기를 끌고 있다. 저녁식사 시간에 걸려오는 전화는 성가신 것으로 여겨진다. 손님을 초대한 경우 저녁식사는 조금 늦게 시작된다. 호스트는 점심과 동일한 음료와 와인을 권할 수 있다. 네덜란드인들은 일반적으로 주중에는 밤 10시 반에서 11시 사이, 주말에는 그보다 늦게 잠자리에 든다.

아이들을 대하는 태도

네덜란드인들은 아이들에게 어렸을 때부터 사회생활에 참여할
것을 장려한다. 아이들은 다양한 조직활동에 참여하고 스포츠
클럽이나 기타 청소년 단체에 가입해 활동하기도 한다. 방과 후
에는 친구의 집이나 놀이터, 거리에서 어울려 놀며 시간을 보낸
다. 놀다가 다툼이 발생하면 어른들은 우선 아이들끼리 해결하
도록 내버려두었다가 개입이 불가피할 때 참견하는 편이다.

　일부 네덜란드 아이들은 하고 싶은 말을 거리낌 없이 한다
는 인상을 준다. 일부는 어려서부터 부모를 '아빠', '엄마'가 아
닌 이름으로 부르는데, 외국인이 보기에 부모가 자녀를 너그럽

게 대하는 것처럼 보일 수도 있다. 일반적으로 네덜란드의 부모는 자녀가 스스로의 삶을 선택도록 허용하지만, 그러면서도 자신이 솔선수범하여 자녀에게 부모가 중요하게 여기는 가치가 무엇인지 또 자녀에게 무엇을 기대하는지 명확하게 전달한다. 이런 방식으로 자녀와의 정면대립을 피하고 부모가 원하는 방향으로 자녀가 따라올 수 있도록 자연스럽게 영향력을 행사한다.

학교교육

네덜란드는 16세까지 무상교육을 지원하는데(16세 이후로는 소정의 기부금이 요구됨), 사립학교와 종교학교를 포함하여 모두 국가가 전액 보조한다. 앞서 살펴본 것처럼 지난 수십 년 동안 네덜란드의 사회적, 종교적 공동체는 사회분화체계에 따라 조화를 이루며 살아왔다. 각각의 공동체는 아이들을 각각 다른 방식으로 교육시켜왔으며 이는 오늘날까지도 지속되어 가톨릭, 개신교 등 종교와 관계없이 진보주의, 사회주의, 유대인, 이슬람, 힌두 학교 등 다양한 학교가 운영되고 있다. 모든 학교에는 공통으로 적용되는 교과과정이 있지만 각 학교가 강조하는 가치는 저마다 다르며 학교마다 다른 종교달력이 적용된다.

초등학교 교육과정은 공식적으로는 5세에 시작하지만 대다수의 네덜란드 아이들은 4세에 입학한다. 초등학교 졸업을 앞두고는 시토테스트를 보는데, 테스트 결과와 부모의 의견을 수렴해 앞으로의 진로를 결정한다. 향후 선택하는 교과과정과 최종 고용결과에 따라 아이들은 12~16세 혹은 17~18세까지 중등학교에 다닌다. 서로 다른 교과과정을 같은 건물에서 제공해 필요시 교과과정을 쉽게 전환할 수 있도록 하는 경우도 많다. 예외가 있다면 학업 면에서 뛰어난 아이들이 가는 영재학교인 짐나지움이다. 짐나지움에 다니는 학생이 계속해서 낙제하는 경우 해당 학생은 하위 단계의 학교로 옮겨야 한다.

중등학교에 다니는 모든 학생은 선택한 교과과정에 상관없이 첫 1~2년 동안은 동일한 연결수업brugklas을 들으며 앞으로의 진로를 결정한다. 학문보다 실무학습이 적성에 맞는 학생은 네 단계의 4년 과정인 직업중등교육과정VMBO을 선택해 기본적인 중등교육과 전공심화교육을 통해 실무를 익힌다. 이를 수료한 뒤에는 18세까지 1주일에 며칠은 선택한 전공 관련 고등교

육을 받아야 한다. 일반중등교육과정HAVO은 고급 전문교육의 대비과정으로 17세에 이 과정을 수료하고 학업을 마칠 수 있다. 교과과정을 마친 학생을 고용한 고용주는 그들이 18세가 될 때까지 전공 관련 자격과정을 마치도록 매주 며칠씩 대학에 등교할 수 있도록 해야 한다. 마지막으로 대학진학예비과정 VWO은 말 그대로 대학입시에 대비하는 과정으로, 졸업한 뒤에는 일반대학과 전문대학에 진학할 수 있다. 학교는 주기적으로 학생의 학업성취도를 평가해 성적이 오르거나 눈에 띄게 떨어지면 같은 교육과정 내에서 단계를 이동한다. 학습장애가 있거나 다른 특수교육이 필요한 아이들을 위한 전문학교도 있어 아이들이 세심한 보살핌을 받으며 최대의 잠재력을 발휘할 수 있도록 돕는다.

현재 네덜란드에서는 이중언어학교도 많이 찾아볼 수 있는데, 일부 과목은 온전히 영어로 강의하고 일부 과목은 네덜란드어로 강의하는 방식으로 운영된다. 전 과목을 영어로 가르치는 국제학교도 있고 영미권 이외의 언어로 전 과목을 가르치는 국제학교도 다수 존재한다.

네덜란드에는 총 14개 대학이 있으며 다수의 응용과학대학과 고등교육기관이 있다. 모두 국가가 재정을 보조하지만 고등교육기관의 경우 학비는 유료이며 학생(혹은 그 부모)이 일정의 기

부금을 내야 한다. 대다수의 학생은 대학 혹은 고등교육기관에 다니는 동안 독립하지 않고 부모님 집에서 통학한다. 학교 근처에 집을 구하기 어려울 뿐 아니라 임대료도 높기 때문이다.

네덜란드도 미국, 영국과 유사한 시스템을 도입해 학생들은 학사, 석사(석사학위를 취득하면 '독투란두스'라는 타이틀을 주는데, 종종 네덜란드인의 명함에서 볼 수 있는 'drs' 타이틀이 석사학위를 의미함), 박사학위를 취득 할 수 있다. 그리고 네덜란드 학생에게 대학 졸업식이 있는 날은 특별한 날이므로 가족, 친구와 함께 이날을 기념한다.

불만 해결

네덜란드인들은 보통 대화를 통해 분쟁을 해결하며 말로 해결할 수 있는 문제를 두고 충돌하는 것은 옳지 않다고 여긴다. 분쟁이 발생한 경우 네덜란드인들은 조화롭게 상호 합의 아래 해결책 도출을 목표로 삼는다. 누군가의 행동이 타인에게 피해를 끼치는 경우 공동체의 일원이 관여하여 당사자들과 문제를 논의할 수 있다. 일대일 대화를 통한 제3자의 중재로도 문제가 해결되지 않는 경우 지역 거주민협회, 지방 정부, 경찰 등 해당 당국으로 문제를 이관할 수 있다. 네덜란드인들은 규정을 이용해 개인이 보유한 표현의 자유를 수호하고 전체 공동체의 요구사항을 충족시키는 가운데 균형을 잡으려 노력한다.

라이프스타일의 변화

네덜란드는 법률 개혁의 선두에 있는 국가이기에 많은 외국인이 네덜란드를 관대하고 자유방임적인 사회라 생각한다. 매춘 합법화, 동성애자의 권리, 비중독성 마약 합법화, 안락사 합법화 등 논란의 여지가 많은 네덜란드 법은 세계적으로 뜨거운 논쟁을 불러일으켰다. 하지만 사실 네덜란드 법의 이런 변화는 대다수 네덜란드인의 삶에는 별다른 영향을 미치지 않는 것이 현실이며 삶에 가장 큰 변화를 가져온 것은 바로 신기술과 세계화이다. 신기술은 소비 지상주의를 가져왔고 세계화는 네덜란드와 다른 국가 사이의 간극을 좁혀주었다.

네덜란드 일부 지역의 사람들은 여전히 독실한 신앙을 지키며 지극히 보수적인 삶을 살아가고 있다. 하지만 대다수에게 가장 중요한 가치는 사회 순응이며 평화로운 사회를 만들어가기 위한 가치를 수호하고 규범을 지키는 것이야 말로 네덜란드인들의 삶에서 여전히 가장 중요한 부분을 차지한다.

06

/

여가생활

네덜란드인들은 야외활동을 적극적으로 즐기며 규칙적인 운동으로 건강한 몸을 가지고 있다. 어디를 가든 산책로가 표시되어 있고 롤러스케이트와 인라인스케이트를 탈 수 있는 곳이 마련되어 있다. 중간중간 피크닉을 할 수 있는 공간이 지정되어 있어 간단하게 도시락을 먹을 수도 있고 마음에 드는 카페에 들어가 휴식을 취할 수도 있다.

네덜란드인들은 1주일에 36~40시간 근무하고 1년이면 4~5주의 휴가를 갖는다. 야근은 거의 없고 계약서에 명시된 근무시간 이외의 초과근무를 강요하는 분위기도 아니지만 종종 관리자급은 무급으로 초과근무를 하기도 한다. 교직에 종사해 학교의 방학이 적용되는 사람은 방학기간이 되면 유럽 전역을 여행하거나, 네덜란드 시골에 집을 빌리거나, 수로를 따라 배를 타며 긴 방학을 보내기도 한다. 휴가를 아껴두었다가 특별히 긴 휴가를 떠나는 사람도 있지만 긴 휴가의 가능여부는 각 근로계약의 내용에 따른다.

네덜란드인들은 야외활동을 적극적으로 즐기며 규칙적인 운동으로 건강한 몸을 가지고 있다. 어디를 가든 산책로가 표시되어 있고 롤러스케이트와 인라인스케이트를 탈 수 있는 곳이 마련되어 있다. 자세한 정보는 관광안내소[VVV]나 교통구호단체[ANWB]에 문의해 지역 내에서 슬길 수 있는 야외활동 경로를 확인할 수 있다. 중간중간 피크닉을 할 수 있는 공간이 지정되어 있어 간단하게 도시락을 먹을 수도 있고 마음에 드는 카페에 들어가 휴식을 취할 수도 있다.

쇼핑

네덜란드어로 상점은 '빈켈', 상점 등을 둘러보고 쇼핑하는 것은 '빈켈른', 생필품을 쇼핑하는 것은 '부드스카펜'이라고 한다. 규모가 있는 도시에 위치한 상점의 직원은 대부분 영어를 구사한다.

네덜란드인들은 동네 상점이나 슈퍼마켓에서 신속하고 효율적으로 생필품을 쇼핑한다. 신선한 재료로 요리하는 것을 즐겨 신선품은 이틀에 한 번, 일반 공산품은 1~2주일에 한 번

정도 쇼핑하는 경우가 많다. 네덜란드에는 뛰어난 품질의 전문 식료품점이 많아서 음식 쇼핑이 더욱 즐겁다. 일반 제품보다 더 비싼 유기농식품을 전문적으로 판매하는 상점도 적지 않게 찾아볼 수 있다. 작은 상점에 들어가면 상점 직원과 상점 내 다른 손님에게 '안녕하세요' 하고 인사해야 한다(207쪽 참조). 작은 상점의 직원은 영어를 못 하는 경우가 많지만 그래도 성심성의껏 손님을 도와준다.

베이커리에서는 갓 구운 빵, 롤, 페이스트리, 쿠키, 케이크를 판매하고 일부 베이커리에서는 수제초콜릿을 판매하기도 한다. 정육점에서는 생고기 혹은 익힌 육류, 소시지 등을 판매한다. 생선가게에서는 신선한 생선과 핑거 푸드로 먹을 수 있

게 조리한 생선을 구입할 수 있다. 과일가게에서는 신선한 과일과 채소를 판매하고, 허브숍에서는 각종 허브티와 다양한 음료, 약품, 화장품, 천연식품 등을 판매한다. 슈퍼마켓 형태의 약국에서는 처방전 없이 구입할 수 있는 일반 약품과 동종요법 약품, 위생용품, 화장품 등을 판매한다. 이와 구분되는 약국apotheek에서는 약품과 처방받은 약을 구입할 수 있고 주말에도 운영한다.

대부분의 마을에서 1주일 중 하루는 야외에 장이 서 다양한 물건을 판매하는데, 모두 정가제로 가격 흥정은 하지 않는다. 조금 더 큰 규모의 마을이나 도시에서는 매주 별도의 꽃시장이 열리기도 한다. 벼룩시장도 가끔 열리는데, 일반인과 전문상인이 가판을 임대해 중고물품이나 저렴한 상품을 판매하며 이곳에서는 가격 흥정이 가능하다. 장이 서는 날짜, 시간, 장소 등 자세한 정보는 관광안내소나 시청안내소에 문의하거나 현지 신문에서 확인할 수 있다. 네덜란드인 이웃이나 친구에게 물어보는 것도 좋은 방법이다.

쇼핑할 때 유의할 점은 내 차례는 내가 알아서 지켜야 한다는 것이다. 그렇지 않으면 다른 사람에 밀려 한참을 기다려야 할 수 있다. 우체국이나 은행 같은 곳은 번호표 시스템을

시행해 순서대로 일을 처리할 수 있지만, 번호표 시스템이 없는 경우 느슨하게 줄을 서거나 두 줄로 줄을 서는 경향이 있어 곤란한 상황이 생길 수 있다. 사람들이 줄을 서지 않고 한데 모여 있는 경우 상점 직원이 '다음은 누구 차례인가요?' 하고 물을 때도 적지 않다. 내 차례가 돌아오면 정중하지만 단호하게 내 차례임을 밝혀야 한다. 그렇지 않으면 아마 30분 뒤에도 당신은 그 자리에 그대로 서 있게 될 것이다. 이는 모든 사람은 자신의 권리를 스스로 지켜야 하며 타인이 자신의 권리를 대신 지켜줄 것이라 기대해서는 안 된다는 네덜란드식 가치관에 부합하기도 한다.

【 쇼핑시간 】

상점은 보통 오전 9시에 문을 열고 오후 5에서 6시 사이에 문을 닫는다. 재고정리나 직원교육 때문에 월요일이면 정오나 오후 1시에 영업을 개시하는 상점도 많다. 물론 대형 상점, 슈퍼마켓, 정원용품 판매점 등은 월요일 오전에도 영업을 한다. 또 1주일에 한 번, 보통은 목요일이나 금요일 평일 저녁에도 영업을 하는 상점이 있다. 이날 문을 여는 소규모 상점은 오후 5시 30분이나 6시경에 1시간 정도 저녁식사 시간을 가진 뒤 다시 영업한다. 편의점은 새벽 1시까지 영업한다.

대형 슈퍼마켓은 주중과 토요일 저녁 8시까지 영업하며 일요일에도 단축영업을 한다. 대도시나 고속도로에 위치한 일부 주유소는 24시간 영업을 하고 법적으로 대형 상점과 정원용품 판매점은 매년 정해진 횟수에 따라 일요일 영업이 가능하다. 일요일 영업은 대대적으로 홍보하므로 지역신문을 확인하면 알 수 있다. 또 크리스마스 직전 기간에는 연장영업을 하기도 한다.

암스테르담 중심가 상점들은 밤 10시까지 영업하며 주요 관광지의 영업시간은 더 긴 편이다.

【꽃】

네덜란드 꽃집에서는 저렴하고 아름다운 꽃을 구입할 수 있다. 꽃집이 없는 마을이 없을 정도로 곳곳에 꽃집이 즐비해 있다. 네덜란드의 튤립구근 시장은 거대한 규모를 자랑하는데, 가지째 꺾은 꽃도 세계 곳곳으로 수출하고 있다. 또 네덜란드 원예 산업계는 10년마다 네덜란드 곳곳에서 국제정원박람회 Floriade 를 개최하는데, 이 박람회는 대중에도 공개되며 원예에 관심을 가진 사람들에게 큰 인기를 끌고 있다. '유럽의 정원'으로 유명한 네덜란드의 큐겐호프 공원은 튤립 등 다양한 봄꽃으로 화려하게 장식된다.

【 지갑 조심하기 】

여타 유럽 대도시에서처럼 네덜란드에서도 외국인은 경범죄의 표적이다. 늘 경계를 단단히 하고 다가와 말을 걸며 휴대전화나 돈을 빌려 달라는 사람이 있다면 조심하는 것이 좋다. 이런 경우 '미안하지만, 안 된다'라고 유쾌하지만 단호하게 말하고 계속 가던 길을 가면 된다.

은행

일반적으로 은행은 월요일부터 금요일까지, 오전 9시부터 오후

5시나 6시까지 영업한다. 주요 은행의 경우 토요일 단축영업을 하기도 하니 자세한 정보는 현지에서 확인하자. 거의 모든 은행의 밖에는 ATM이 설치되어 있어 편리하게 이용할 수 있다. ATM에서는 보통 마에스트로, 시리스, 유로카드, 마스디카드, 비자, 아메리칸 익스프레스, 플러스 시스템 등의 카드를 이용할 수 있다.

네덜란드는 유로존 가입국으로, 2002년 기존에 사용하던 통화인 길더를 유로로 대체했다. 라보, SNS, ABN 암로, ING 은행 등 주요 은행과 우체국 은행에서 계좌를 개설할 수 있다. 상점에서 결제는 현금, 개인 비밀번호를 입력해야 하는 체크카드, 비접촉식으로 사용할 수 있는 콘택트리스카드로 결제한다. 일정 금액 이상 구입 시 신용카드를 사용할 수 있지만 모든 상점에서 신용카드를 사용할 수 있는 것은 아니니 먼저 물어보는 것이 좋다.

일반적으로 고지서 대금은 당좌예금* 계좌에서 지불한다. 가스와 전기요금, 정기적인 임대료, 클럽 회비 등은 자동이체로 지불할 수 있다. 배달이나 수리, 청소 서비스를 위해 집

---

* 예금자가 수표를 발행하면 은행이 언제든지 예금액으로 그 수표에 대한 지급을 하도록 하는 예금이다. — 옮긴이

을 방문하는 직원은 보통 현금 결제를 기대하니 수중에 현금을 준비하도록 한다. 커피 한 잔을 대접해도 좋다. 건설업자 등 일정 기간을 고용한 사람은 보통 청구서와 계좌번호를 주며 계좌이체를 요청하는데, 은행계좌 이체양식을 통해 이체하면 된다. 요즘은 인터넷뱅킹도 널리 이용되고 있으며 네덜란드 은행에 계좌가 있는 경우 더욱 편리하게 돈을 이체할 수 있다.

환전은 대형 호텔, 우체국, 환전소, 국립환전기관인 GWK에서 할 수 있다. GWK는 종종 최고의 환율로 환전 서비스를 제공하며 GWK 사무소는 중간 규모 이상의 철도역에 위치하고 있다.

외식

네덜란드인들의 타문화에 대한 호기심과 다문화 지향적인 특성을 반영하듯, 네덜란드에서는 다양한 세계 음식을 맛볼 수 있다. 대부분의 대도시에는 다양한 수준과 가격대의 전 세계 레스토랑이 영업 중이다. 과거 네덜란드인들은 잘 차려입고 외식에 나섰지만 점점 캐주얼한 복장으로 외식하는 사람이 많아지고 있다. 레스토랑 밖에는 차림표가 진열되어 있어 들어가기 전 음식과 가격대를 확인할 수 있다. 대형 레스토랑의 경우 영문 차림표도 구비하고 있다.

카페이자 네덜란드 음식을 함께 판매하는 레스토랑도 있다. 이곳에서는 합리적인 가격대에 깨끗한 환경, 즐거운 분위기에서 친절한 서비스를 받으며 신선한 음식을 즐길 수 있다. 이런 레스토랑은 보통 아침에는 카페로 운영하며 커피와 애플타르트 등을 판매하고 점심에는 샌드위치, 스프, 샐러드, 뜨거운 음료와 차가운 음료 등 간단한 점심 메뉴를 판매한다. 이어서 오

후 5시나 5시 30분경부터는 다시 메뉴를 바꾸어 신선한 현지 혹은 제철 재료를 이용한 수준 높은 요리를 판매한다. 네덜란드 음식은 육류와 생선에 신선한 야채를 더한 소박한 요리가 대부분이며 수프와 따뜻한 스튜가 인기 있다. 작은 카페와 레스

토랑은 월요일에는 영업을 하지 않으니 유의한다.

간단한 요깃거리를 원하는 경우 네덜란드에서 갈 곳은 많다. 스낵바는 고객이 서서 음식을 먹고 떠날 수 있게 높은 탁자를 두고 간단하게 재빨리 먹을 수 있는 음식을 판매한다. 보통 스낵바에서는 마요네즈나 매운 인도네시아 땅콩소스를 곁들인 감자튀김과 감자칩을 먹을 수 있다. 케첩은 원하면 따로 요청해야 한다. 간 고기에 빵가루를 묻혀 튀긴 크로켓을 머스터드에 찍어 먹는 음식도 판매한다. 크로켓 속은 매우 뜨거우니 먹을 때 주의한다. 라이스볼을 튀긴 나시발렌, 중국식 춘권 룸피아도 있다. 현지 음식에 도전하고 싶다면 네덜란드 전

• 네덜란드의 커피숍 •

네덜란드 커피숍에서는 커피와 애플타르트를 먹을 수 없다. 비중독성 마약을 허용하는 네덜란드 법 아래 커피숍은 고객 1명에게 개인 용도로 5g의 대마초를 판매할 수 있다. 대마초가 아니라 커피와 애플타르트를 먹고 싶다면 카페, 스낵바, 편의점에 가면 된다. 참고로 네덜란드 일부 지역에서는 비거주민에게는 커피숍 출입 제한과 대마초 판매를 금지하는 법을 시행 중이다.

통에 따라 조리하지 않은 청어를 꼬리부터 잡아 양파소스에 찍어 먹는 음식을 추천한다. 진정한 네덜란드 체험이 될 것이다.

축제가 열리면 거리에서 뜨겁게 달군 철판에 바로 구워주는 네덜란드식 미니 팬케이크인 포퍼처스를 맛볼 수 있다. 또 인도네시아와 중국 레스토랑에서는 음식을 포장해 갈 수도 있다.

편안한 분위기에서 저렴한 네덜란드식 식사를 경험해보고 싶다면 파네코에휘스를 추천한다. 단맛과 짠맛의 다양한 필링을 넣은 팬케이크를 맛볼 수 있다. 보통 교외의 유원지 주변에서 쉽게 찾아볼 수 있으며 아이들에게 인기가 많다.

【 화장실 】

레스토랑과 카페의 화장실은 손님만 무료로 이용할 수 있다. 볼일이 급해서 레스토랑이나 카페에 들어가 화장실만 이용하는 경우 이용료를 지불해야 할 수 있으니 바에 먼저 문의하는 것이 좋다. 대부분의 백화점에는 입점 레스토랑이나 카페 근처에 화장실이 있고 소정의 이용료를 지불한 뒤 이용할 수 있다. 이용료는 화장실 입구에 있는 직원에게 내거나 비치된 요금함에 넣으면 된다. 누군가의 집에 방문해 화장실을 이용할 때는 들어갈 때와 같은 상태로 깨끗하게 이용하고 나온다.

음료

네덜란드인들이 주로 마시는 음료는 커피, 맥주, 와인이다. 주로 필터로 내린 진한 커피를 선호하며 하루 동안 많은 양의 커피를 마신다. 또 네덜란드인들은 맥주 사랑으로도 유명하다. 세계적인 맥주 브랜드 하이네켄은 네덜란드 기업으로, 여러 국가에 맥주를 수출하고 있다.

네덜란드에서는 밀맥주, 라거, 흑맥주, 과일맛 맥주, 계절별

맥주, 수입 맥주 등 다양한 맛과 도수의 맥주를 맛볼 수 있고 현지 슈퍼마켓과 와인 상점에서는 전 세계 와인을 구입할 수 있다. 네덜란드인들은 저녁식사에 와인을 곁들이기도 하고 축제에서 와인을 마시기도 한다. 또 저녁시간에 긴장을 풀고 여유를 즐길 때도 와인을 마신다.

네덜란드 전통술인 예네버르나 아드보카트도 있다. 예네버르는 원래 의료 목적으로 마시는 술이었지만 지금은 차가운 예네버르를 샷잔에 가득 따라 마시며 예네버르를 마신 뒤 이어서 라거를 마시기도 한다. 그리고 여성들은 생일 파티 등의 자리에서 커피를 마신 뒤 보통 브랜디에 달걀노른자와 기타 재료를 넣어 만든 달콤한 술인 아드보카트를 마신다. 아드보카트는 보통 리큐어잔에 담아 작은 스푼으로 떠먹으며 윗세대에게 인기가 많다.

네덜란드인들은 음주를 즐기지만 절주하고 과음하지 않는다. 또 취해서 무례하고 불쾌하며 비사교적으로 행동해서는 안 된다. 술을 마실 때는 보통 취하지 않도록 가벼운 스낵를 안주로 곁들여 먹는다. 음주운전은 무거운 처벌을 받으며 술자리가 끝나고 운전을 해야 하는 사람에게는 술을 권하지 않는다.

무알코올 음료로는 과일주스, 생수, 아이스티, 우유를 많이 마신다. '잘못된 커피koffie verkeerd'라는 카페라테도 있다. 네덜란드인의 기준에 제대로 된 커피라기에는 우유가 너무 많이 들어가 잘못된 커피라고 불린다.

레스토랑 예절

카페에서는 인원수에 맞는 자리를 고른다는 전제 아래 손님이 원하는 자리를 골라 앉을 수 있으며 카페와 레스토랑에서 흡연은 전면 금지된다. 고급 레스토랑에서는 직원이 자리로 안내할 때까지 기다려야 한다. 자리에 착석한 뒤에는 차림표에서 음료를 먼저 주문하고 음료가 서빙될 때 음식을 주문하면 된다. 직원이 음식을 서빙하며 '맛있게 드세요'를 뜻하는 "에 츠마클릭 Ect smakelijk!"이라는 인사를 건넬 것이다. 그러면 '감사합니다'라는 뜻의 "베당트 Bedankt."라고 인사하면 된다. 함께 온 사람이 식사를 시작하며 "에 츠마클릭!"이라고 말하면 낭신은 "츠마클릭 에턴 Smakelijk eten!"이라고 하면 된다. 웨이터를 부를 때는 "파르동, 메니어 Pardon, meneer." 또는 "파르동, 오버 Pardon, ober.", 웨이트리스를 부를 때는 "파르동, 유플라우 Pardon, juffrouw." 또는 "파르동, 메브로 Pardon, mevrouw."라고 한다.

손가락으로 음식을 먹는 행위는 무례하다고 여겨지며 샌드위치를 먹을 때도 잘라서 포크로 찍어 먹을 수 있도록 나이프와 포크가 제공된다. 식사를 마치면 접시 위에 시계의 4시 방향으로 사용한 나이프와 포크를 나란히 올려놓는다.

식사를 하고 있으면 일반적으로 직원이 와서 식사는 괜찮은지 묻는다. 매우 맛있다면 "힐 레커 Heel lekker!"라고 말하고, 불만이 있다면 레스토랑 매니저나 점주를 부르기 전에 웨이터 혹은 웨이트리스와 해결해보자. 불만을 말할 때는 유쾌하면서도 예의 바른 태도를 유지하는 것이 중요하다. 네덜란드인들은 상대방이 언성을 높이면 도움을 주려고 하기보다 거리를 두고 비협조적으로 나오는 경우가 많다. 계산서를 받고 싶다면 "마흐 익 드 레이크닝 알스투블리프트Mag ik de rekening alstublieft?"라고 말하면 된다. 비용 청구를 위해 영수증이 필요한 경우 "마흐 익 드 카사본 헤븐Mag ik de kassabon hebben?" 혹은 "마흐 익 베베이스 판 베탈링Mag ik bewijs van betaling?"이라고 말한다.

카페나 레스토랑에서 애완견을 흔히 볼 수 있는데, 이는 정상적인 상황으로 특별히 비위생적이라고 여겨지지 않는다. 애완견이 특별한 말썽을 일으키지 않고 조용히 있는 한 문제될 것은 없다.

• 팁 문화 •

스낵바에서는 팁을 주지 않아도 된다. 카페에서는 대다수의 고객이 결제 금액을 올림해 팁으로 주며 레스토랑에서는 서비스가 마음에 들었고 결제 금액에 팁이 포함되어 있지 않은 경우 결제 금액의 5~10%를 팁으로 준다. 점점 더 많은 레스토랑이 팁을 계산서에 포함시키는 추세이므로 계산서를 반드시 확인하도록 한다. 대다수의 네덜란드인은 서비스 수준이 탁월한 경우에만 팁을 주고 그렇지 않은 경우에는 팁을 주지 않는다. 네덜란드식 서비스는 다른 나라보다 느리고 격식 없이 편안한 경우가 많다.

섹스 인 더 시티

대다수가 네덜란드인들은 성에 대해 진보적이고 관대한 태도를 가지고 있다고 생각한다. 아마 암스테르담의 홍등가를 모르는 사람은 없을 것이다. 네덜란드에서 매춘은 합법이다. 매춘 합법화에는 순수 실용주의가 어느 정도 영향을 미쳤을 것이다. 매춘은 어차피 피할 수 없으니 합법화해 적절한 규제를 가하고 이를 통해 고객과 매춘부를 모두 보호하는 동시에 관련 소득에 세금도 제대로 부과하자는 것이다. 암스테르담의 홍등가는 상당히 안전하다. 다른 여느 곳과 마찬가지로 소매치기를 조심하고 혼자 다니는 것을 피해 무리지어 다니면 크게 문제될 것은 없다. 홍등가에서 여성이 성희롱을 당할 위험은 낮지만 그래도 밤늦은 시간에 혼자 배회하지 않는 것이 좋다. 홍등가 혹은 섹스 클럽에서 매춘부의 사진이나 동영상을 찍는 행위는 엄격하게 금지되어 있으니 절대 하지 않도록 한다.

유럽의 동성애자 수도로도 유명한 암스테르담은 도시 곳곳에 게이바와 레즈비언바, 클럽, 레스토랑이 있어 성소수자인 여행자와 거주민에게는 매력적인 곳이다. 특히 7월 말에서 8월 초에는 암스테르담에서 게이 퍼레이드가 열리는데, 하이라이트는 암스텔에서부터 프린선흐라흐트까지 수로를 따라 화려하게 장식된 배를 타고 행진하는 운하 퍼레이드이다(91쪽 참조). 이 기간에는 전 세계에서 동성애 관광객이 모여들고 지역 내 대규모 게이 커뮤니티가 참여한다. 암스테르담 베스터마르크트에는 동성애를 기념하는 기념비가 있다. 1970년대부티 동성애 성교 동의연령은 이성애 성교 동의연령과 동일했으며 동성과의 결혼은 1998년 합법화되었다.

동성애자에 대한 차별은 법적으로 금지되어 있지만 그들에 대한 태도는 지역별 온도차가 크다. 대부분의 대학가에는 동성애공동체가 형성되어 있지만 시골 지역의 사람들은 암스테르담처럼 공공연한 동성애행위를 받아들이지 못할 수도 있다.

레저

네딜란드인들은 야외활동부터 실내활동까지 다양한 레저활동을 즐긴다. 관광안내소에는 현지나 교외에서 즐길 수 있는 활동이 안내된 전단지가 비치되어 있다. 교통구호단체, 시청안내소, 현지 언론에서도 유용한 정보를 찾을 수 있다.

전국적인 축제 외에도 마을마다 자체 개최하는 축제도 많아 즐겁고 다양하게 현지 문화에 대해 배워볼 수 있다. 어린이를 동반한 여행에서는 어린이 농장, 테마파크, 동물원 등을 방문하는 것도 좋다.

상류문화

네덜란드인들의 문화 사랑은 자부심이며 모든 사람이 동등하게 문화를 누릴 자격이 있다는 국가적 믿음을 반영한다. 전국 각지에 클래식 음악, 오페라, 발레, 연극을 정기적으로 공연하

는 극장과 콘서트홀이 즐비한 것만 봐도 그들의 문화 사랑을 알 수 있다.

네덜란드는 세계적인 네덜란드 로얄 콘세르트허바우 오케스트라와 암스테르담 필하모닉 오케스트라를 보유하고 있으며 네덜란드 댄스 시어터, 네덜란드 국립발레단, 로테르담 스카피노 발레단의 유명한 3개 발레단을 보유하고 있다. 암스테르담의 국립오페라극장에서 공연하는 네덜란드 오페라재단도 있다. 공연 티켓은 극장이나 콘서트홀 매표소, 관광안내소, 특별 매표소에서 구매하거나 온라인으로 예매와 구매를 모두 할 수 있다.

  방문하는 지역의 공연정보는 현지 신문을 참조하거나 관광 안내소에 문의하면 된다. 시즌 티켓 소지자에게는 많은 극장과 콘서트홀 공연을 일반 관객보다 먼저 예매할 수 있는 특권과 할인 혜택이 제공된다. 주말이면 교회에서도 연주회가 열리며 티켓은 공연장 입구에서 구매할 수 있다. 또 소규모 예술영화 상영관도 있다.

  네덜란드인들은 자국의 문화유산과 역사를 매우 소중하게 생각하며 지역 자부심이 넘치는 마을은 최소 하나 이상의 박물관을 두고 있다. 아른헴에 소재한 네덜란드 민속촌 야외박물관, 잔세스칸스 풍차마을, 자위데르제이 박물관 일부 등 영구 야외전시도 있다. 유효기간 1년의 박물관카드를 구입하면 네덜란드를 대표하는 주요 박물관과 미술관을 포함해 네덜란드 전역의 400여 개 박물관과 미술관을 무료로 이용할 수 있다. 구입할 때는 조금 비싸게 느껴질 수 있어도 몇 군데만 방문하면 손해는 보지 않으니 좋은 투자가 될 것이다. 이밖에도 볼거리와 즐길 거리가 차고 넘쳐 즐거운 고민에 빠질 것이다.

대중문화

네덜란드의 주요 극장은 상류문화뿐 아니라 대중문화를 즐기는 관중을 위한 공연도 한다. 여기에는 뮤지컬, 조금 더 가볍게 즐길 수 있는 연극, 코미디, 평론, 카바레 등이 포함된다. 규모가 있는 마을에는 다수의 상영관을 갖추고 최신 영화를 상영하는 극장이 있다. 크리스마스 시즌이 되면 극장이나 교외에 세운 대형 텐트에서 서커스단이 순회공연을 한다. 네덜란드 대중문화는 사회를 구성하는 모든 공동체를 아우르며 남녀노소 즐길 거리가 가득하다.

교외 즐기기

네덜란드인들은 최대한 자주 교외로 나가 자연을 즐긴다. 보트를 타거나 세일링, 카누를 즐기고 스피드 보트 행사에 참여한다. 운하투어에 참여해 교외를 둘러보고 이전과는 다른 각도에서 마을을 바라보는 것도 색다른 경험이 될 것이다. 승마도 인기 취미이다. 말을 타고 트래킹하는 프로그램을 제공하는 승마학교도 있다.

네덜란드에는 다양한 토착 동식물이 서식하는 국립공원이 20군데나 있다. 비스보쉬 자연보호구역, 호혜벨루베 국립공원, 텍셀 사구에 방문해보자. 모든 공원에는 산책로와 등산로가

표시되어 있으며 방문객센터도 마련되어 있다. 호헤벨루베 국립공원에는 다수의 반 고흐 작품을 소장하고 있는 크뢸러뮐러 박물관도 소재하고 있다. 또 유명한 꽃 공원인 큐겐호프 공원도 가볼 만하다. 이 공원은 3월 말부터 5월 중순까지 개장했다가 잠시 문을 닫은 뒤 다시 8월 중순부터 9월 중순까지 여름축제를 연다.

네덜란드인들은 평소 교통수단으로 자전거를 애용하는데, 이 자전거 사랑은 주말에도 그치지 않는다. 주말이면 교외에서 가족이 함께 자전거를 타는 모습이나 무리 지어 사이클링 경로를 달리는 사이클링 클럽의 모습을 흔히 볼 수 있다. 하이킹이나 시골 걷기를 즐기는 사람도 많다. 하이킹이나 걷기는 반드시 지정 도보구역 내에서만 할 수 있다. 교외의 일부 구역이 자연보호구역으로 지정·보호되고 있기 때문이다.

스포츠

네덜란드인들은 건강을 중요하게 생각하고 주기적으로 운동을 하며 대다수가 스포츠 클럽에 가입되어 있다. 텔레비전으로 스포츠 경기 중계를 보는 것보다 직접 운동하는 것을 좋아하

며 운동은 시간과 노력을 들일 만한 가치가 충분하다고 생각
한다. 네덜란드는 축구, 스피드스케이팅, 하키, 테니스, 배구, 사
이클링 종목에서 세계적으로 강세를 보인다. 또 근력운동, 걷
기, 수영, 세일링, 승마, 체조, 스케이트 등의 운동도 즐긴다. 야
구와 소프트볼 클럽도 인기가 있으며 자동차 경주도 열혈 팬
들이 많다.

　겨울철이 되면 11개 도시를 거쳐 달리는 스케이트 경기인
엘프스테이든톡트가 열려 전국에서 이목이 집중된다. 프리슬
란트주를 거치는 이 경기는 모든 수로가 충분히 얼 정도로 기
온이 내려갈 때 열리며 이 경기가 열린다는 소식이 전해지면

전국이 흥분에 휩싸인다. 참가자 수는 제한되어 있으며 경기가 펼쳐지는 주변에는 열정 가득한 관중이 모여들어 인산인해를 이룬다. 현장에 가지 못한 사람들은 텔레비전 중계를 보며 아쉬움을 달랜다.

07

여행 이모저모

네덜란드에서는 길에서 자전거 타는 사람을 흔히 볼 수 있는데, 네덜란드를 처음 방문한 관광객이라면 엄청난 수의 자전거와 그 자전거를 타는 사람이 남녀노소를 가리지 않는다는 사실에 놀랄 것이다.

네덜란드를 방문한 관광객은 먼저 엄청난 수의 자전거와 그 자전거를 타는 사람이 남녀노소를 가리지 않는다는 사실에 놀랄 것이다. 그 다음에는 효율적인 네덜란드의 대중교통 시스템에 감동할 것이다.

자전거 타기

네덜란드인들은 언제 어디서나 자전거 타기를 즐기고 자동차는 장거리를 이동할 때만 이용한다. 대다수는 자전거를 소유하고 있고 이는 말 그대로 네덜란드에 수백만 대의 자전거가

있음을 의미한다. 네덜란드를 방문하게 된다면 얼마나 많은 사람이 자전거를 타는지, 또 한 대의 자전거에 얼마나 많은 사람이 올라탈 수 있는지를 보면 놀랄 것이다.

네덜란드인들은 아주 어린 나이에 자전거 타는 법을 배운다. 어렸을 때는 보호자의 보호 아래 자전거를 타고 등교하고 초등학교를 졸업할 즈음이 되면 아이들끼리 무리지어 자전거를 타고 등하교를 한다. 중등교육과정에 재학 중인 학생이 날씨에 상관없이 매일 16km씩 자전거를 타고 등하교하는 경우도 적지 않다.

때와 장소를 가리지 않고 자전거를 타고 싶다면 네덜란드보다 좋은 곳은 없을 것이다. 주요 기차역이나 대형 자전거 상점에서 하루 동안 자전거를 대여할 수 있다. 대여 자전거는 기본적인 기능은 갖추고 있으며 페달을 뒤로 밟으면 브레이크가 걸리는 기능을 갖추고 있는 경우도 있다. 네덜란드인들은 같은 도로를 달리는 모든 사람이 자기만큼 자전거를 탄다고 생각하므로 자전거에 익숙하지 않은 사람이 네덜란드에서 자전거를 타면 타인에게 위협이 될 수 있다. 자신의 자전거 타기 실력에 자신이 없다면 공원에서 충분히 연습을 하고 도로로 나가도록 한다.

· 자전거 주행 시 주의할 점 ·

- **도로규칙을 준수한다.**

  다른 교통수단과 마찬가지로 자전거도 규칙을 준수해야 한다. 자전거도로에는 신호등과 교통표지가 있다. 자전거도로가 있을 때는 자전거도로로 달리고 보행자에게 위험할 수 있으므로 도보에서는 달리지 않는다.

- **도난 방지를 위해 자전거를 반드시 자물쇠로 걸어 잠근다.**

  자전거를 훔쳐 되파는 것은 이윤이 많이 남는 장사이기에 하루에도 수천 대의 자전거가 도난당한다. 자전거를 사야 한다면 중고품을 사는 것이 좋다. 빛나는 새 자전거보다 시선을 덜 끌 것이다. 그리고 자전거는 단 5분도 자물쇠를 잠그지 않은 상태로 두지 않는다. 튼튼한 자물쇠를 사서 늘 움직이지 않는 것에 묶어서 잠구어 둔다. 값비싼 새 자전거를 구입할 시에는 보험에 가입하는 것이 좋다.

- **방수채비를 한다.**

  방수가 되는 겉옷, 바지, 판초를 구입하고 옷은 여러 겹 겹쳐 입는다. 네덜란드는 비가 많이 오는 나라이다. 네덜란드인들은 자전거를 타면서 한 손으로는 운전을 하고 한 손으로는 우산을 들지만, 그만큼 자전거에 익숙하지 않다면 따라하는 것은 금물이다.

- **자전거를 유지·보수한다.**

  자전거를 타기 전 늘 자전거의 상태를 확인하고 응급시를 대비해 수리 키트를 가지고 다닌다. 자전거는 항상 제대로 작동하는 전조등, 미등, 벨을 갖추고 있어야 한다.

- **술 마시고 자전거를 타지 않는다.**

  혈중 알코올 농도가 0.5% 이상인 상태에서 자전거를 타는 것은 범죄행위이다.

걷기

네덜란드인들은 자전거와 대중교통을 주로 이용하지만 건강을 유지하기 위해 마을 주변 혹은 교외 걷기를 즐긴다. 타인의 자동차를 얻어 타는 히치하이킹은 위험하다고 여겨져 거의 하지 않는다.

모험심이 강한 관광객이라면 갯벌을 걷는 단체투어에 참여해도 좋다. 이 투어는 매년 5월부터 10월 네덜란드 북부에서 진행된다. 신체 건강하고 진흙으로 온몸이 더러워져도 괜찮다면 재미있는 경험이 될 것이다. 하지만 반드시 숙련된 공인 가이드의 안내에 따라 단체로 체험해야 한다.

대중교통

네덜란드의 대중교통은 세계 최고 수준을 자랑한다. 네덜란드 인들은 이 탁월한 서비스의 대중교통을 즐겨 이용하며 대중교통 의존도가 높은 편이다. 네덜란드 국영철도는 높은 수준의 편리한 교통수단을 제공한다. 암스테르담에서 네덜란드의 북

쪽 끝까지는 기차로 2시간, 최남단까지는 2시간 반이 걸린다. 시간이 없다면 작은 기차역에도 모두 정차하는 스톱 트레인 말고 초고속열차 스넬트레이넨 혹은 인터시티 트레인을 이용할 수 있다.

네덜란드의 대중교통을 이용하려면 'OV칩카드'라 불리

는 스마트카드를 구입해야 한다. 이 카드는 승차권 자동판매기 혹은 매표소에서 구입할 수 있다. OV칩카드는 충전하여 교통카드로 사용하거나 시즌 티켓 등 구입한 여행상품을 저장할 수 있는 전자지갑이다.

OV칩카드에는 세 종류가 있다. 첫 번째는 한 번 이용하고 버리는 1회용카드, 두 번째는 무기명 OV칩카드로, 발급비를 내고 구입해 충전해서 사용한다. 기차, 버스, 트램, 지하철 등 모든 대중교통을 이용할 수 있다. 세 번째 카드는 개인 OV칩카드이다. 이 카드는 온라인으로 구입할 수 있으며 개인정보를 등록하고 일정 이상의 금액을 충전한 뒤 사용한다. 승차와 하차 시, 환승 시, 교통편 운영사가 바뀔 때는 반드시 카드를 찍어야 한다. OV칩카드는 슈퍼마켓이나 담배가게에 비치된 기계에서 충전할 수 있다.

4세 미만 아동은 무료로 기차에 탑승할 수 있지만 별도의 좌석은 이용할 수 없다. 4~11세 사이 어린이는 보호자 동반 시 저렴한 레일러너요금으로 기차를 이용할 수 있다. 다양한 종류의 할인 티켓은 네덜란드 국영철도 홈페이지를 참조해 자세한 정보를 확인할 수 있다.

반려동물을 데리고 기차에 탑승할 때는 반려동물의 크기

와 여행거리에 따른 이용요금이 부과된다. 또 기차에는 자전거를 싣고 탈 수 있는데, 접이식 자전거를 실제로 접어 실을 경우에는 무료이지만 일반 자전거의 경우 이용요금을 지불해야 하니 매표소에 문의하도록 한다.

버스, 트램, 지하철

대중교통 통합 네트워크에 따라 버스는 기차시간표에 맞추어 배차된다. 버스는 트램, 지하철과 함께 지역 내 통행에 매우 유용한 교통수단으로, 도시와 마을 간 이동에 적합하다. 버스는

오전 6시부터 밤 11시 30분까지 운행한다. OV칩카드를 구입하면 버스, 트램, 지하철 등 모든 대중교통을 이용할 수 있으며 버스와 트램에서는 현금으로 요금을 지불할 수 없다.

자동차와 운전면허증

네덜란드에서 운전은 만 18세 이상이 되어야 할 수 있으며 자동차 렌트는 21세 이상이고 1년 이상 운전경력이 있어야 가능하다. 외국인이 네덜란드에서 운전을 하려면 운전면허를 취득하고 6개월이 지나야 하고 국제운전면허증을 소지한 한국인 관광객은 네덜란드에서 운전을 할 수 있다. 네덜란드 법은 제 3자 책임보험 가입을 의무로 규정하고 있으며 종합보험에 가입했다면 보험회사에서 이를 증빙할 서류를 받아야 한다.

네덜란드에 입국한 뒤 거주자로 신분을 변경했는데, 네덜란드 입국 6개월 전 다른 나라에서 운전면허증을 발급받은 경우 입국한 뒤 185일까지는 해당 운전면허증을 사용할 수 있지만, 이후에는 사용할 수 없으므로 해당 기간 내 네덜란드 운전면허시험에 응시하거나 기존 외국 운전면허증을 네덜란드 운전면허증으로 교체해야 한다. 기존 운전면허증 교체에는 약 4주가 소요된다. 네덜란드 입국한 뒤 6개월이 경과했는데도 네덜란드 운전면허증과 보험 없이 운전을 하면 불법이다. 운전면허증 신청 중에는 보험이 적용되지 않으므로 이 기간 동안에는 운전을 하지 않도록 한다.

소속된 국가에 따라 운전면허증 발급조건이 상이하고 일반 규칙이 적용되지 않기도 한다. 더 정확한 네덜란드 상황이 궁금하다면 대사관에 문의해보자.

【주차】

여러 도시에서 고층 주차장을 볼 수 있으며 주차환승제를 시행하고 있다. 보통 입차 시 티켓을 받고 출차 전 현금, 신용카드, 휴대전화로 주차요금을 결제하면 된다. 블루존에서는 전용 주차카드인 블루존 디스크를 이용해야 하며 이 디스크는 교통구호단체 상점, 담배가게, 경찰서에서 구입할 수 있다. 주차요금 계산기를 이용해야 하는 구역도 있다.

교통경찰은 허용된 시간보다 더 오래 주차하는 자동차를 예의 주시하고 있다가 벌금을 부과한다. 봄철이면 자동차 와이퍼 아래 '참 잘했어요'라고 주차를 칭찬하는 메모와 함께 튤립 한 송이를 끼워놓아 긍정적 분위기를 유도하기도 한다.

【음주운전】

네덜란드에서 음주운전은 형사범죄이다. 혈중 알코올 농도가 0.5% 이상이면 무거운 벌금형을 받는다. 이 법은 자동차, 오토바이, 스쿠터, 모페드, 자전거 등에 모두 적용된다. 혈중 알코올 농도가 1.8% 이상인 경우 기소되어 벌금은 물론 일정 기간 동안 운전이 금지된다.

• 네덜란드의 도로규칙 •

- 도로에서는 우측 주행을 한다.

- 거주 지역 제한속도는 시속 30km, 시가지 내 제한속도는 시속 50km, 일
반 국도 제한속도는 시속 80km, 도시를 통과하는 고속도로의 제한속도는
시속 100km, 도시 고속화 도로 제한속도는 시속 120km이다. 항상 제한속
도를 준수한다.

- 효율적인 교통통제를 위해 속도 감시 카메라가 늘고 있는 추세이다. 제한
속도를 초과해 주행하면 현장에서 적발되거나 이후 우편으로 벌금 고지서
를 받을 수 있다. 납부를 미룰수록 벌금이 늘어나니 최대한 빨리 납부하도
록 한다. 공사 중인 구간에서 제한속도를 초과할 경우 인부의 생명을 위협
했다고 간주되어 일반 벌금보다 50% 더 높은 벌금이 부과된다.

- 고속도로 법규와 도로표지를 숙지한다.

- 도로가 교차할 때는 보통 더 큰 도로를 주행하는 자동차가 우선권을 갖는
다. 교차지점에 역삼각형 표시가 있으면 이는 양보해야 한다는 뜻이다. 양
보 표시가 없는 교차로나 거의 비슷한 크기의 도로가 교차할 때는 오른쪽
에서 주행하는 자동차가 우선권을 갖는다. 잘 모르겠으면 뒷거울로 뒤에서
달려오는 자동차가 있는지 먼저 확인한 뒤 안전하게 속도를 늦추거나 멈춰

서서 상황을 살핀다.

- 네덜란드 법에 따라 모든 자동차는 화물칸에 사고를 대비해 안전삼각대를 넣고 다녀야 하며 전조등 컨버터를 이용해야 한다. 의무는 아니지만 여분의 전조등 전구, 응급의약품, 소화기 등도 넣고 다닐 것을 추천한다. 사고 시를 대비해 항상 자동차 관련 서류를 지참해야 한다.

- 접촉사고가 발생하면 렌트한 자동차는 세부정보, 보험번호, 등록번호, 운전자의 성명과 주소, 연관된 다른 운전자의 정보를 제출해야 한다. 자동차 사고로 부상자가 발생한 경우 경찰에게 알리는 것이 법적 의무이다. 응급 신고번호는 1120이다.

- 자전거를 조심하고 또 조심해야 한다. 자전거 주행자 모두가 도로규칙을 준수하는 것은 아니며 자전거 주행자가 규칙을 지키지 않았다고 해도 자동차와 자전거 충돌 시 자전거의 피해보상 책임은 자동차 측에 있다. 자전거와 늘 안전한 차간거리를 유지해 예상하지 못한 상황에 대비한다. 자전거도로를 따라 주행하는 사람들을 늘 주의한다.

- 로터리 운전에 주의한다. 많은 사람이 로터리의 주행 우선권 규칙을 이해하지 못하고 있기 때문에 위험할 수 있다. 로터리에 합류하는 도로 지면에 역삼각형 표시가 있으면 로터리 안을 주행하고 있는 자동차에 우선권이 있다. 이 규칙을 이해하지 못하는 사람도 있으니 주의한다. 역삼각형 표시가 없

는 경우 무조건 왼쪽 자동차에 주행 우선권이 있다. 로터리에서도 자전거를 조심해야 한다. 보통 자전거도로 위 자전거 주행자에게 주행 우선권이 있다. 그렇지 않은 경우라도 자전거 주행자는 자기에게 우선권이 있는 것처럼 주행하므로 인명사고를 피하기 위해서는 조심히 운전하는 것이 좋다.

- 우회전을 할 때는 회전 뒤 도로에 자전거가 주행 중일지도 모르니 유의한다.

- 밤늦은 시각에는 일반 신호등의 주황빛 불이 깜박거리는 점멸등으로 대체되는 곳이 있다. 이는 교통량이 없는 상황에서 신호에 대기하느라 시간을 낭비하지 않도록 하기 위함이다. 교차로에 이르면 속도를 늦추고 도로 지면에 양보 표시인 역삼각형 표시가 있는지 확인하고 주행한다. 야간에는 음주나 약물복용으로 과격하게 운전하는 자동차나 자전거가 있을 수 있으니 항상 안전한 차간거리를 유지하고 조심히 운전한다.

- 전 좌석이 안전띠를 착용해야 한다. 3세 미만 영유아는 반드시 적절한 카시트를 뒷좌석에 설치해 앉힌다. 3~12세 어린이는 뒷좌석에 공간이 없는 경우에 한해 적절한 카시트를 설치해 앞좌석에 앉힐 수 있다. 운전 중 휴대전화 사용은 불법이며 핸즈프리 통화만 허용된다.

- 트램이 다니는 도시의 경우 주행 우선권이 항상 트램에게 있다.

- 오토바이나 모페드를 타는 경우 의무적으로 헬멧을 착용해야 한다.

택시

대부분의 도시에서는 택시승강장에서 택시를 잡을 수 있다. 택시승강장은 보통 기차역, 상점, 관광명소 근처에 위치해 있다. 주요 도시에서는 거리에서 손을 흔들어 택시를 잡을 수 있지만 택시가 원하는 위치에 다 설 수 있는 것이 아니므로 빈 택시가 그냥 지나칠 수도 있다. 그리고 대부분의 도시에서 전화로 택시를 부를 수 있다.

대부분의 역에서 여행객이 기차표를 제시하면 할인된 가격으로 이용할 수 있는 택시인 트레인 택시를 이용할 수 있다. 기차를 타고 어딘가 갔다가 돌아올 때 택시가 필요한 경우 티켓을 사전에 구매할 수 있고 택시기사에게 직접 요금을 지불할 수도 있다. 합승한 손님과 요금을 나누어 내므로 저렴하다는 장점이 있다. 트레인 택시는 역 주변의 지정 구역에서만 운행하며 운행 지역은 택시승강장에 표시되어 있다. 트레인 택시를 부르려면 택시승강장에서 버튼을 누르고 택시를 보내 달라고 요청하면 된다. 택시가 도착하면 10여 분 정도 다른 손님을 기다린 뒤 승차가 완료되면 승객을 최단시간 내 목적지로 데려다줄 경로를 파악한 뒤 출발한다. 돌아오는 길에도 택시를 이용하려면 이용 30분 전에 전화해서 요청하면 된다.

일반 택시를 대체하는 자동차 서비스도 있다. 휴대전화 앱을 이용한 우버 택시가 대표적이다. 암스테르담에는 자전거 택시도 있으니 새로운 것을 시도해보고 싶다면 도전해도 좋다.

숙박

네덜란드는 수준 높은 숙박시설을 갖추고 있다. 도심의 호텔과 단순한 펜션 모두 깨끗하고 편리한 시설을 제공한다. 호텔은 1~5성급으로 구분되며 호텔의 등급은 객실의 공간보다 시설

에 따라 매겨진다.

네덜란드에는 프랜차이즈 호텔, 부티크 호텔, 가족경영 호텔 등 다양한 형태의 호텔이 운영 중이다. 1성급 이하 숙박시설은 펜션이나 게스트하우스로 생각하면 된다. 또 암스테르담에는 호스텔도 많다.

네덜란드인들은 캠핑을 즐기며 캠핑카를 소유한 사람도 많다. 네덜란드 전역에는 다양한 캠핑장이 운영 중이며 호텔과 마찬가지로 시설은 1~5성급으로 구분된다. 캠핑 운영을 허가받은 농장에서도 묵을 수 있다. 하이킹과 사이클링을 즐기는 사람은 네덜란드 북부 바덴해 혹은 숲 지대 근처에 많이 위치한 캠핑 오두막도 애용한다. 취사가 가능한 캠핑 오두막은 오두막이라는 이름과 달리 쾌적한 환경을 자랑한다.

비앤비*는 흔하지는 않지만 보통 휴양지 근처에서 볼 수 있으며 지방 도시에서는 잘 찾아볼 수 없다. 일반 가정도 관광

---

* Bed and Breakfast(B&B), 아침식사를 제공하는 숙박 서비스이다. – 옮긴이

안내소에 등록하고 투숙객을 받는데, 집마다 그 상태는 다양하다. 에어비앤비를 통해서도 객실이나 집 전체를 빌릴 수 있으며 예약 전 호스트가 지역의 관련 법규를 준수하는지 확인하도록 한다.

교외를 여행할 경우 보트 대여도 좋은 경험이 될 수 있다. 정박되어 있는 주거용 보트를 빌려 숙박하거나 일반 보트를 대여해 수로를 따라 여행할 수 있다. 시속 20km 이하로 이동하는 15m 이하의 놀잇배를 운전하는 데는 별도의 선박면허가 필요하지 않다. 운하의 다리와 수문을 통과하는 법만 배우면 쉽게 방대한 수로망을 누비며 여행할 수 있다.

숙박에 대한 더 자세한 정보를 얻고 싶다면 관광안내소나 교통구호단체에 방문하면 된다. 다양한 숙박시설을 자세하게 소개한 책자를 판매 중이며 관광안내소는 예약 서비스도 제공한다.

건강

네덜란드는 높은 수준의 의료 서비스를 제공한다. 상호의료 서비스협약에 가입한 유럽연합 가입국의 국민이라면 무료로 치료와 자문 서비스 혜택을 받을 수 있다. 비응급진료의 경우 치료비를 지불한 뒤 나중에 청구해 돌려받을 수 있다. 유럽연합 시민이 아니라면 의료비가 보장되는 보험에 가입해야 한다. 네덜란드에 거주하기로 결정했다면 네덜란드 기초의료보험 가입은 필수이다. 응급상황이 발

생하면 병원 응급실이나 응급의사에게 가거나 112에 전화해
구급차를 요청한다.

안전

네덜란드는 대체적으로 심각한 중범죄 발생률이 낮은 안전한
나라이다. 상식적인 수준에서 항상 조심하고 특히 절도에 유
의하도록 한다.

08

비즈니스 현황

네덜란드 기업에는 모든 직원은 평등하다는 분위기가 조성되어 있다. 직원들은 모든 사람이 조직의 성공에 기여한다고 생각하며 상사와 선배를 존중하고 이런 존중은 상사와 선배도 후배를 존중하는 양방향으로 작용한다. 또 비즈니스 상황에서 단도직입적이고 간결하게 말하는 네덜란드인들의 태도는 외국인에게 무례하고 퉁명스럽게 느껴질 때도 있다.

접촉

사업차 네덜란드 기업과 접촉하고 싶다면 전문협회에 가입하거나 지역에서 열리는 회의에 참석하고, 워크숍 혹은 교육과정에 등록하거나 기업 박람회에 참여해 전시장에 나와 있는 사람들과 대화를 시작하는 것이 좋다. 인사 시 건넬 명함을 잊지 말고 준비한다. 또 상대방에게 무작정 전화를 거는 것은 금물이다. 특정 대상과 만나고 싶다면 누군가에게 소개를 부탁하거나 이메일 혹은 서신을 보내 나를 소개하고 용무를 설명한 뒤 약속을 잡기 위해 언제쯤 연락할지 분명히 밝히도록 한다.

기업 분위기와 예절

네덜란드 기업에는 모든 직원은 평등하다는 분위기가 조성되어 있어 그 누구도 타인보다 훨씬 중요하다고 여겨지지 않는다. 직원들은 모든 사람이 조직의 성공에 기여한다고 생각하며 상사와 선배를 존중하고 이런 존중은 상사와 선배도 후배를 존중하는 양방향으로 작용한다. 존중은 조직 내 서열이 아닌 능력에 따른다.

겉모습으로 직위를 판단하기는 어려우며 캐주얼한 복장으로 서로의 이름을 부르며 격의 없이 맡은 바 업무에 집중한다. 사업상 알게 된 지 얼마 안 된 지인, 특히 상대방이 연장자인 경우에는 상대방의 성을 부르지만 얼마 지나지 않아 이름으로 불러 달라는 요청을 받을 수도 있다.

【 업무관례 】

성공적인 네덜란드 기업의 특징으로 조용함과 효율성을 꼽을 수 있다. 네덜란드 기업의 근무시간은 보통 월요일부터 금요일

까지 오전 8시부터 오후 5시 30분까지로, 토요일에 근무하는 기업은 거의 없다. 대다수가 유연근무제에 따라 탄력적으로 근무하며 시간제 근무도 많다. 간혹 시간제 근무를 하는 고위 간부도 있을 정도이다. 점심시간은 짧은 편이고 사무실이나 구내식당에서 샌드위치와 음료 등을 간단하게 먹는다.

네덜란드인들은 일단 규칙이 정해지면 외부에서 강요하지 않아도 스스로 규칙을 준수한다. 또 시간 약속을 중요하게 여기므로 늦지 않도록 한다.

네덜란드인들은 일과 사생활의 균형을 잘 유지하는 것으로도 유명하다. 2011년 OECD가 발표한 더 나은 삶 지수에서는 3위를 차지했다. 네덜란드인들은 가족과 친구를 위해 시간을 내고 싶어 하고 또 노력한다. 이들의 저녁시간이나 주말을 방해한다면 좋은 대접을 받기는 어려울 것이다.

직장인

네덜란드인들은 비교적 취업이 늦은 편으로, 독일과 마찬가지로 네덜란드에도 효율적인 수습생과 연수 시스템이 갖추어져 있다. 승진은 학력, 자격, 역량, 근면정신, 목표정신, 네트워킹 역량을 기준으로 결정된다.

유연함은 오늘날 네덜란드 직장인이 갖추어야 할 필수 요소이다. 정규직이 대부분이지만 3~5년 내 이직하는 사람이 많다. 계약조건은 대부분 관대하지만 정규직과 임시직의 계약조건이 다르다는 인식이 점점 더 확대되고 있다. 최근 임시직 보호를 위한 법이 제정되면서 문제가 다소 해결되었지만 여전히 임시직은 불리한 위치에 있다. 한편 기본 고용계약에 회사 자동차 이용 등의 부가 혜택이 포함되는 경우는 거의 없다. 상여금은 성과에 따라 지급되지만 연봉의 20%를 넘지 않는 것이 대부분이다.

네덜란드식 평등주의와 사회적 책임 우선주의는 이론적으로 여성도 직장에서 동등한 권리를 가짐을 의미하지만 실제로는 전체 임원 중 여성은 20%에 불과하다. 하지만 과거에 비해 네덜란드 여성의 경제적 자립도는 높아졌으며 출산을 한 뒤

복직하는 여성도 늘고 있다. 대다수의 여성은 시간제 근무를 하며 직무분담 형태로 근무하기도 한다.

의사소통 스타일

네덜란드인들은 군더더기 없이 단도직입적으로 간결하게 말한다. 가끔 외국인에게는 이런 태도가 무례하고 퉁명스러우며 거만하게 느껴질 때도 있다. 전반적으로 대화는 솔직하고 적의 없이 이루어지며 솔직하게 자신의 의견을 표현하는 동시에 상대방 의견도 열린 마음으로 듣고자 한다. 또 네덜란드인들은 상대방도 경제, 사업, 정치문제에 대해 자신만의 의견을 가지고 있기를 기대한다. 예의 바르고 친절하게 사람을 대하되 잘 모르는 주제에 대한 대화에는 말려들지 않는 것이 좋다. 자신이 무슨 말을 하는지 모르고 말하는 사람에게는 별 감흥을 느끼지 못한다.

네덜란드의 단도직입적이고 편안하며 평등한 기업문화 때문에 일부 외국인은 네덜란드의 기업 분위기가 격식 없이 편하다고 오해를 하기도 한다. 하지만 사실 네덜란드인들은 기업

관행을 중시하며 이를 준수하려 노력한다. 최초 접촉은 이메일로 이루어지고 이후 전화로 팔로우업하는 것이 기본이다. 누군가와 처음 만나 인사를 할 때 상대방이 자신을 직함이나 성으로 소개하면 앞으로도 그렇게 불러 달라는 의미이다. 상대방이 자신을 이름으로 불러 달라고 말하기 전까지는 예의를 갖추어 대하는 것이 좋다.

비즈니스 서신을 작성할 때는 표준양식을 지켜야 한다. 네덜란드인들은 직함과 주소를 정확히 쓰는 것을 매우 중요하게 생각한다. 직함을 잘못 쓰는 경우 상대방의 기분을 상하게 만들 수 있으니 잘 모르겠다면 서신을 보내기 전에 확인하도록 한다. 자신의 직함을 소개할 때는 학위도 함께 알린다(석사학위 이상의 학위만 알림). 네덜란드에서는 학력이 중요하고 높은 학력일수록 높은 평가를 받는다. 주로 사용하는 직함에는 석사학위 소지자임을 의미하는 독투란두스[drs]와 인제니어[ir]가 있다.

전통적으로는 구두로 합의한 내용은 이후 서면으로 기록해 팔로우업했지만 바쁘게 돌아가는 현대 비즈니스에서는 그러지 못하는 경우가 많아졌다. 통화내용이나 회의내용을 정리해 이메일로 보내는 것은 여전하다. 또 네덜란드인들은 명확하고 단순한 정보를 선호하며 단도직입적으로 전달한다. 전화를 걸 때는 먼저 이름을 명확하게 밝히도록 한다. 전화통화는 짧은 편이며 음성이나 문자로 메시지를 남기면 신속하게 회신해 준다.

프레젠테이션

네덜란드인들은 관련 정보와 데이터가 포함된 자세하고 기술적인 프레젠테이션을 기대한다. 장식만 너무 화려하거나 강압적인 프레젠테이션은 신뢰받지 못한다. 따라서 충분한 정보를 담아 간단명료하게 요점을 전달할 수 있는 자료를 준비한다. 또 정보는 긍정적이되 과장되지 않은 태도로 전달해야 한다. 참고로 대다수의 네덜란드의 직장인은 발음이나 문법이 조금씩 틀리더라도 자신의 의사는 분명히 전달할 만큼의 수준 높은 영어를 구사한다.

네덜란드인들은 집중해서 발표를 경청하며 이후 참고할 내용이 있다면 메모를 남길 것이다. 당신도 집중해서 경청하고 메모를 남기는 것이 좋다. 신제품, 서비스, 제안을 소개할 때는 그 장단점을 자세히 설명하고 발표한 자료나 제공한 데이터의

사본이나 소책자를 준비한다. 프레젠테이션에는 가격, 품질, 서비스 관련 내용을 포함해야 하므로 요점을 명확히 전달하기 위해 충분한 시간을 확보하는 것이 좋다.

단도직입적이고 활기 넘치는 토의를 즐기는 네덜란드인들이 던지는 솔직한 질문은 적의가 아닌 관심의 표현이다. 토의를 할 때는 솔직함을 원칙으로 하고 자신의 의견을 명확하게 표현하는 것을 중요하게 생각한다. 에둘러 말하면 솔직하지 않은 것으로 보고 허풍이나 허세는 거짓으로 볼 것이다. 그들의 생각을 짐작하거나 추측하지 말고 제약이나 장애물이 있다면 솔직하게 말해야 상대방의 존중을 받을 수 있다. 상대방의 제안에는 진심으로 답하고 정말로 아니라고 생각할 때만 '아니요'라고 한다. 상대방의 질문에 주저하지 말고 지킬 수 없는 약속은 하지 않는 것이 좋다.

또한 사업차 진행되는 회의에서는 잡담을 하지 않지만 점심이나 저녁식사 자리, 회의 시작 전 커피를 마시는 자리에서는 즐겁게 일상적인 이야기를 주고받는다. 사업을 논의하는 자리에서는 개인적인 감정이나 느낌을 드러내서는 안 되며 이런 감정은 이성적이고 명확한 의사결정에 방해가 된다고 여겨진다. 미사여구가 많고 아첨하는 말은 거짓이거나 거짓으로 의심되는 것이라 생각한다.

대다수의 네덜란드인이 정의와 사회 민주주의를 신봉하고 있어 극우적 시각에는 거부반응을 보일 수 있다. 또 상대방의 자랑에 잘 반응하지 않으므로 나의 개인적 성과나 조국의 업적이 최고라는 식의 발언은 하지 않도록 한다. 마지막으로 누군가가 네덜란드인을 함께 비판하자는 뉘앙스로 말을 건네도 절대 같이 비판하는 우를 범하지 않도록 한다.

팀워크

네덜란드팀을 이끌거나 그들과 함께 일하는 것은 어떤 것일까? 네덜란드에서 팀이란 뛰어난 역량을 갖춘 리더 아래 효율적으로 일하기 위해 구성된 단체이다. 팀이 업무를 잘 수행하기 위해서는 각 팀원의 책임과 권한을 명확하게 정의해야 한다. 그리고 가장 중요한 점은 끊임없이 상의하는 것이다. 최종 결정은 리더가 내리지만 주요 사안에 대해서는 전 팀원과 함께 논의하는 자리를 만들어 각자의 의견을 표현할 수 있는 기회를 줘야 한다. 이 과정에는 상당한 시간이 소요되며 외부인에게는 지나치게 긴 시간이 걸리는 것으로 보일 수 있지만 네덜란드인들은 전혀 서두르지 않는다. 모든 사람에게 의사표현의 기회를 주고 한 사람도 빠짐없이 성공에 기여하도록 하는 것을 중요하게 생각한다. 긴 논의의 과정이 끝나고 의사결정이 내려지면 곧 행동으로 취하고 필요한 서류작업을 완료한다.

팀원은 리더에게 뛰어난 역량, 책임감, 이성적인 접근방식으로 문제를 해결하는 태도 등을 바라며 리더의 성실함, 솔직함, 건설적인 비판 등을 높게 평가한다. 허세를 부리거나 경박한 리더는 제대로 대우하지 않는다. 리더는 팀원을 가볍게 다루어서는 안 되며 팀원에 대한 작은 정보도 잊지 말고 기억해야 한다.

직장에서의 허젤리히하이트

앞서 허젤리히하이트가 '편안하고 따뜻하며 강한 소속감이나 유대감을 느낄 수 있는 분위기나 상황'을 뜻함을 살펴봤다. 이런 허젤리히하이트 개념은 직장에까지 영향을 미친다. 외국인으로서 네덜란드 기업을 방문하게 된다면 직원의 생일 파티나 퇴임식 등의 직장행사, 야유회 등에 초대받을 수 있다. 매번은 아니더라도 직원들과의 결속을 다지기 위해 이런 행사에 참여하는 것은 중요하다.

리더십과 의사결정

네덜란드 기업의 고위 임원은 풍부한 경력, 방대한 전문지식, 높은 학력을 가진 사람인 경우가 많다. 관리자는 자신을 동급 최고라고 생각하며 직원은 관리자가 솔직하고 직선적인 태도를 보여주기를 바란다.

　의사결정은 관련 당사자들이 철저한 분석을 마친 뒤에 내리지만 프로젝트 성패의 책임은 관리자에게 있다. 많은 네덜란

• 직장 내 인간관계의 중요성 •

영국인 매니저 브라이언은 과묵하고 내성적인 사람이다. 그는 업무차 종종 네덜란드에 있는 한 회사를 방문하는데, 방문할 때마다 네덜란드 회사 측은 그를 주간 마감회식에 초대했다. 내성적인 브라이언은 시끌벅적한 회식자리에 참석하기보다는 호텔로 돌아가 혼자 저녁식사를 하고 일찍 잠자리에 드는 편이 훨씬 좋아서 여러 차례 참석을 거절했다. 그렇게 몇 번의 방문이 지나고 그는 네덜란드 회사의 동료가 처음만큼 자신의 일에 협조적으로 나서지 않는다는 느낌을 받았다. 영문을 알 수 없었던 그는 네덜란드인 동료에게 무엇이 문제인지 물었다. 동료의 대답은 이랬다. 네덜란드인 동료는 브라이언이 그들을 알아가기 위해 전혀 노력하지 않는다고 느꼈고 그를 도와주고 싶다는 생각이 전보다 덜 든다는 것이었다. 그 말을 들은 브라이언은 금요일 회식자리에 종종 참석했고 네덜란드 회사 동료와 관계도 좋아지기 시작했다.

드 기업이 환경과 사회문제를 중요하게 생각하고 때로는 수익성보다 기업의 사회적 책임을 우선시하기도 하지만 대부분 성공의 최종 지표는 수익성이다.

사치를 못마땅하게 생각하는 사회적 분위기 때문에 네덜란드 기업의 관리자는 한도가 높은 법인카드나 고급 회사 자동차 등 직위를 나타내는 것들을 피하는 경향이 있다. 평등을 중시하는 정신에 걸맞게 관리자는 사내 모든 직원의 의견을 경청하고자 한다. 젊은 조직은 팀워크와 원활한 의사소통을 장려하기 위해 기존 기업보다 수평적인 구조를 가지고 있는 편이다.

높은 직위를 이용해 일방적으로 의사결정을 내리거나 비관용적인 태도를 보이고 정당한 이유 없이 타인을 공격하는 등의 행동은 직원의 존중과 신뢰를 잃게 만든다. 네덜란드인들에게 좋은 관리자란 자신감이 있고, 친절하고, 에너지가 넘치고, 자신에게 어울리지 않는 일일지라도 기꺼이 하려는 자세를 갖춘 사람이다.

또한 관리자는 직원의 질문을 피해서는 안 되며 질문을 받으면 솔직하고 단도직입적으로 대답해야 한다. 직원의 의견을 경청하고 문제가 있을 때는 기꺼이 논의하려는 태도가 비로소 높은 평가를 받는다. 이 과정 때문에 종종 의사결정이 지연되어도 마찬가지이다. 직원은 관리자가 체계적인 접근방식으로 감정이 아닌 사실을 다루고 명확한 목표를 세우기를 기대한다.

회의와 협상

네덜란드인들은 주로 과정을 명확히 밝히고 의사결정을 내리기 위해 회의를 갖는다. 회의를 열기 전에는 회의시간표를 짜고 안건을 준비하여 이를 준수한다. 회의에 참석할 때 복장은 격식을 차리기도, 편안하게 입기도 하지만 어떤 옷이든 깨끗하고 단정해야 한다. 회의 중간에는 겉옷을 벗기도 하니(본격적으로 일한다는 신호이기도 함) 분위기를 봐서 따라 하면 된다. 회의 시 좌석은 별도로 배정하지 않는 경우가 대부분으로, 편안한 자리에 앉으면 된다. 전화나 인터넷을 통해 음성 혹은 화상회의를 갖기도 한다.

회의는 회의의 목표를 분명히 설명하는 것으로 시작해 안정적인 속도로 진행되며 분위기는 꽤나 진지하다. 회의에서 기술적인 문제를 다루는 경우에는 충분한 세부정보를 다루며 회의 참석자는 관련 서류를 사전에 숙지하여 모두 가져온다. 또 회의의 모든 참석자는 주제에 대한 각자의 의견을 말하며 자신의 발언시간이 중요하듯 타인의 발언시간도 존중해야 한다.

네덜란드인들은 협상의 달인이다. 그들에게 협상의 목표는 자신의 장기적인 이익을 확보하고 상대방과 장기적인 관계를 구축할 수 있는 거래를 이끌어내는 것이다. 상대방의 진짜 목표를 알고자 자신의 목표도 과장 없이 말하며 때로는 상대방에게 의사결정을 내리라고 압박을 가하기도 한다. 또 상대방과 자세한 계획을 논의하려 하고 사실이 뒷받침되지 않은 직관은 신뢰하지 않는다. 하지만 혁신에는 열린 태도를 가지고 있고 조건이 명확한 경우 타협도 꺼리지 않는다.

계약

고용, 재화나 서비스 제공, 인수합병, 유통, 프랜차이즈 계약 등 사업문제는 네덜란드 민법의 적용을 받는다. 일반적으로 인정되는 계약서의 양식이 있으며 그 내용은 법에 의해 의무적으로 기재해야 하는 내용과 자유재량으로 결정할 수 있는 내용으로 나뉜다. 후자의 경우 계약 당사자가 의논을 통해 결정할 수 있다.

　법률용어의 경우 번역 시 오해의 소지가 생기기 마련이므로 계약조건은 최대한 구체적으로 명시하고 필요한 경우 법률

자문과 도움을 받는 것이 좋다.

협상과정 중에는 계약조건을 변경하거나 취소할 수 있지만 이 과정에 지나치게 많은 시간을 소요해서는 안 된다. 그리고 이 과정을 진행하는 동안 상대방에게 계약조건을 조율하고 있음을 분명히 밝혀야 한다. 합의가 도출되고 계약이 성사되면 그 내용은 법적 구속력을 갖는다.

또한 구두계약도 법적 구속력을 갖지만 네덜란드에서 상사분쟁*이 일어나는 경우 계약서를 제시해야 하므로 이미 합의된 구두계약도 서면계약서로 작성해 모든 계약 당사자의 서명을 받는 것이 가장 좋다. 서면계약서가 없어도 구두계약은 법적 구속력을 갖지만 서면계약서를 작성한다면 이는 구두계약을 뒷받침하고 증거로 쓰일 수 있다. 하지만 구매계약 등 일부 유형의 계약의 경우 구두계약은 불법이라는 사실에 유의해야한다. 확실하지 않은 경우 변호사에게 자문을 구하는 것이 가장 좋다.

분쟁 처리

네덜란드인들은 솔직하고 직선적인 태도로 반대의사를 표현하고 논리적인 논쟁을 통해 분쟁을 해결하는 것을 선호한다. 이는 당신이 격렬한 논쟁에 철저히 대비해야 하며 당신이 말하는 모든 것에 근거가 될 사실과 데이터를 준비해야 함을 의미한다. 논쟁을 할 때는 최대한 솔직하게 의견을 표현하되 상대방에게 당신의 의견에 동의하지 않을 권리가 있다는 사실을 존중해야 한다. 침묵은 암묵적 찬성으로 여겨지므로 상대방의 의견에 동의할 수 없다면 강경한 태도로 반대의사를 표현해야 한다. '저희끼리니까 말인데…' 혹은 '자신 있게 말씀드리는데…' 같은 표현은 솔직함을 중시하는 네덜란드 정신에 위배되니 쓰지 않도록 한다.

네덜란드 법에 원칙이 있다면 바로 '공정하고 합당한' 판결을 내린다는 것이다. 이는 분쟁에 관련된 모든 당사자가 상대방의 입장을 고려해야 하며 그들을 공정하고 합당하게 대우해야 함을 의미한다.

네덜란드는 소송이 잦은 나라는 아니다. 돈과 시간을 아끼고 좋은 관계를 계속 유지하기 위해 법정 밖에서 원만하게 분쟁을 해결하기를 선호한다. 네덜란드에는 국립중재원 Stichting Nederlands Arbitrage Instituut이 있어 공인 조정관이 제3자로서 직원과 고용주 혹은 계약 당사자 간의 분쟁을 조정한다. 이 조정관은 정해진 절차를 따라 조정을 진행하며 조정관의 결정에는 법적 구속력이 없다. 만약 이를 통해 문제가 해결되지 않을 시 다음 단계는 바로 중재이다. 중재는 판사가 사안의 사실관계를 판단해 결정을 내리는 절차로, 판사의 판결은 법적 구속력을 갖는다. 판결내용으로는 파손에 대한 보상, 관련 당사자가 취해야 하는 특정 조치 등이 있을 수 있다.

네덜란드 법은 강자와 약자 사이의 분쟁에서 약자의 편을 드는 경향이 있다. 예를 들어 고용주와 직원 간에 분쟁이 발생하는 경우 직원의 편에 서는 식이다. 관리자로서 회사와 직원과의 분쟁을 처리할 때는 이런 전제를 고려해야 한다.

09

의사소통

네덜란드의 공식언어는 네덜란드어이다. 벨기에 일부 지역과 프랑스 서북부 지역에서는 네덜란드 방언의 일종인 플라망어를 쓴다. 영어는 네덜란드 학교에서 가르치는 주요 외국어로, 대다수가 뛰어난 영어를 구사하지만 기본적인 네덜란드어를 배워 적절한 상황에 예의 바르게 쓴다면 당신의 노력을 고맙게 생각할 것이다.

언어

네덜란드의 공식언어는 네덜란드어이다. 벨기에 일부 지역과 프랑스 서북부 지역에서는 방언의 일종인 플라망어를 쓴다. 네덜란드어와 플라망어는 매우 유사하며 그 차이는 미국식, 영국식, 호주식 영어의 차이 정도로 생각하면 된다. 프리슬란트 주의 서북부 지역에서는 게르만어파의 일종인 프리지아어를 쓴다.

영어는 네덜란드 학교에서 가르치는 주요 외국어로, 대다수가 뛰어난 영어를 구사한다. 하지만 기본적인 네덜란드어를 배워 적절한 상황에 쓴다면 당신의 노력을 고맙게 생각할 것이다. 간혹 영어권 영화나 텔레비전 프로그램에서 배운 영문 욕설을 외치는 사람도 있다. 무역국이니만큼 네덜란드인들 중에는 독일어나 프랑스어를 구사할 수 있는 사람도 많다.

높임말과 반말

네덜란드인들은 2인칭을 단수, 복수, 높임말, 반말로 구분해 쓴다. 반말의 2인칭 단수는 '예^{je}', 복수는 '율리^{jullie}'이다. 높임말의 2인칭 단수, 복수는 모두 '위^{u}'로 지칭한다. 연장자를 부를 때나 격식을 갖추어 말해야 할 때는 '위'를 쓰고 상대방이 편하게 불러도 좋다고 하면 '예'를 쓴다. 무례함으로 상대방의 기분을 상하게 하는 것보다 예의를 차리는 편이 낫다.

과거 '예'는 가족이나 아주 친한 친구 사이에서만 쓰였지만 이제는 이전보다 훨씬 편안하게 이 단어를 쓰는 추세이다. 일반적으로 자신보다 어린 사람이나 동년배에게는 '예'를 쓸 수 있다. 상대방이 이미 자신을 이름으로 부르라고 말했다면 '예'를 쓰는 것이 맞다.

상점에서 인사하기

몇 년 전까지만 해도 상점의 직원은 손님을 '위'라고 불러야 했지만 젊은 세대가 '예'를 즐겨 쓰면서 이제는 점원도 손님에게 '예'를 쓰는 경우가 많아졌고 또 손님도 이를 스스럼없이 받아들이는 분위기이다. 손님이 상점에 들어오면 점원은 아침에는 "후여 모르흔$^{Goede\ morgen}$", 점심에는 "후여 미다흐$^{Goede\ middag}$", 저녁에는 "후여 아본드 Goede avond."라고 인사한다. 후두음 'g'를 발음할 수 있다면 같은 인사말로 점원의 인사를 받는 것이 제일 좋지만 발음이 어렵게 느껴진다면 영어로 대답해도 좋다. 많은 경우 손님이 영어로 인사해오면 점원도 영어로 응대한다.

손님이 물건을 구입한 뒤 상점을 나설 때 점원은 '안녕히 가세요'를 뜻하는 "다흐 Dag." 혹은 좀 더 격식 있는 작별인사인 "톳 친스 Tot ziens."라고 인사하거나 '선생님/여사님 좋은 하루 보내세요'라는 뜻의 "므니어/므프라우 엔 에인 프레티키 다흐 프데어 Meneer/Mevrouw en een prettige dag verder."라고 인사한다. 점원의 인사에 손님도 "다흐." 혹은 "톳 친스."라고 인사하면 된다.

서신

네덜란드의 서면어는 구어보다 정중하며 비즈니스 서신에는 통상적으로 예의 바른 문구가 자주 등장한다. 하지만 이메일의 경우 일반 서신보다 격식을 덜 차리고 대체로 짧고 단도직입적으로 용무를 밝힌다. 이는 간결하게 의사를 밝혀 시간을 절약하고자 하는 것으로, 결국 시간은 돈이기 때문이다.

오해

네덜란드인들은 '그럼에도 불구하고, 여하튼, 정말로, 도대체' 등을 뜻하는 '토흐toch', '잠깐, 좀, 겨우'를 뜻하는 '에이븐even', '조금'을 뜻하는 '에인 베이체een beetje' 능의 말을 할 때는 그 말을 강조하지 않는 경향이 있다. 영어를 할 때도 이런 특징이 그대로 반영되어 상대방에게 직설적이거나 강압적인 느낌을 주기도 한다. 본래 자신의 의견을 표현하는 데 거리낌이 없는 네덜란드인들이 영어로 자신의 의견을 말할 때면 상대방에게 제안을 하는 것이 아니라 자신의 방식을 강요하는 것으로 들릴 수 있다. 이 때문에 영어를 모국어로 하는 사람은 네덜란드식 영어를 듣고 그 뜻이나 화자의 태도를 오해해 기분이 상하기도 한다.

유머

네덜란드 텔레비전과 케이블 방송에서는 영어권 시트콤이 인기리에 방영 중이다. 이는 네덜란드식 유머가 미국이나 영국식

유머와 매우 비슷하다는 사실을 보여준다. 네덜란드인들은 기득권을 즐겨 풍자하고 말장난, 재치 있는 농담, 흉내 등을 좋아한다. 대중에게 큰 사랑을 받고 있는 카바레 공연도 이를 바탕으로 약간의 음란함과 슬랩스틱 코미디를 섞은 것이 많다.

현실 속 유머 중에는 앞서 살펴본 '평범하게 하라, 그 정도면 괜찮다Doe maar gewoon, want gewwon is gek genoeg'(67쪽 참조) 원칙에 따라 사람들을 놀리고 너무 진지하지 않게 상대방의 잘못을 지적하는 것이 많다. 그런 놀림을 받았을 때는 그 말을 선의로 해석하는 것이 보통이다.

대화

네덜란드인들은 거의 모든 것에 대해 대화를 나눈다. 금기시되는 대화 주제는 거의 없고 있다면 단 하나, 개인의 수입이나 재산을 밝히는 것 정도를 꼽을 수 있다. 또 맥주를 마시거나 여러 잔의 커피를 마시며 대화하기를 즐기고 대화는 활기가 넘칠수록 좋다고 생각한다. 신문이나 텔레비전에 나왔던 성, 정치, 종교, 날씨, 왕실, 교육 등 다양한 주제에 대해 자신의 생각을 말하고 지역공동체에 대한 토론도 즐겨한다.

대화의 열기가 뜨겁고 목소리가 높아져 자신의 생각을 들려주기가 힘들 때도 있지만 네덜란드인들은 자신의 의견을 표현하는 만큼 상대방의 생각도 듣고 싶어 한다. 사람들이 저마다 자신의 의견을 전달하기 위해 애쓰는 모습이 외국인에게는 지나치게 과열된 것으로 비칠 수 있지만 걱정하지 않아도 된다. 대화가 끝나면 모든 사람이 다시 만날 약속을 잡고 좋은 친구 상태로 집으로 돌아가니 말이다.

네덜란드인과 대화하려면 사교적인 대화와 진지한 토론에 모두 참여할 준비가 되어 있어야 한다. 네덜란드인 친구와 주거니 받거니 하며 대화를 이끌어 나가자. 그들은 상대방과 편안하게 대화할 수 있다는 느낌을 받으면 대화의 주제를 확장한다. 여러 사람과 이야기할 때 개인적인 어려움을 토로하는 법은 거의 없으며 이런 문제는 대부분 일대일로 이루어진다. 반대로 기차 등 공공장소에서 전혀 모르는 사람이 다가와 현재 당신의 조국이 당면한 문제에 대한 직설적 질문을 던지고 의견을 구할 수도 있다. 네덜란드인들에게는 당신이 당신의 조국을 대표하는 사람이기에 현안에 대한 의견을 듣고 자신의 의견도 들려주기를 원하기 때문이다. 솔직하되 주장을 뒷받침하는 충분한 근거를 준비해 그들과 수준 높은 토론을 이끌어 나가면 된다.

보디랭귀지

네덜란드인들은 겉과 속이 다르지 않으며 사람을 볼 때는 눈을 바라보고 상대방도 자신의 눈을 바라볼 것이라 기대한다. 상대방의 눈을 바라보지 않는 사람은 뭔가 켕기는 구석이 있거나 믿을 수 없는 사람이라고 여겨질 수 있으니 알아두도록 한다.

사람과 만나면 악수를 하거나 가볍게 안으며 양 볼에 키스하며 인사를 하고 그렇지 않은 경우 일정한 거리를 유지한다. 만약 평소에 말을 하면서 상대방을 만지거나 상대방과 만나고 헤어질 때 꼭 안아주는 습관이 있다면 네덜란드인에게는 그 강도를 낮추는 것이 좋다. 악수를 할 때는 상대방의 손을 단단히 잡고 웃을 때는 입만 웃는 것이 아니라 눈도 함께 웃어야 한다.

네덜란드인들은 회사에서 높은 자리에 있다고 해서 개인 사무실을 이용하며 동료에게 위압감을 주고 자신의 지위를 과시하는 경우는 거의 없다. 대다수의 관리자는 사무실 내 책상과 탁자만 두고 있으며 누군가 자신을 찾아오면 책상에서 일어나 탁자로 자리를 옮겨 대등한 위치에서 이야기한다. 이사회 등 임원 모임에서도 회장을 위한 자리를 따로 마련하지 않고 각자 편한 자리를 찾아 앉는다.

네덜란드인을 상대할 때는 현재 내가 편안하며 자신이 있음을 보여주는 보디랭귀지를 쓰고 상대방을 불리하게 만드는 보디랭귀지는 피하는 것이 좋다.

언론

【신문】

네덜란드 언론은 명예훼손과 차별금시법을 순수하는 범위 안에서 폭넓은 주제를 직설적으로 다룬다. 다양한 전국신문, 지역신문, 잡지가 발행되고 있다. 주요 신문으로는 〈드 텔레그라프 De Telegraaf〉, 비즈니스와 경제일간지 〈헤트 피난씨엘레 다흐블라드 Het Financieele Dagblad〉, 수준 높은 정치신문 〈드 폭스크란트 De Volkskrant〉, 정치적 중립신문 〈알흐메인 다흐블라드 Algemeen Dagblad〉, 비즈니스 중심의 석간신문 〈NRC 한델스블라드 NRC Handelsblad〉

등이 있다. 주말신문은 있지만 일요일에 발행되는 신문은 없다. 기차역에서는 무료 신문인 〈메트로 Metro〉와 〈스핏츠 Spits〉를 이용할 수 있으며 주거 지역의 경우 집 앞까지 배달되는 무료 주간지가 있다.

주요 기차역과 일부 신문가판대에서 영자신문도 구입할 수 있다. 네덜란드에 거주하는 외국인과 출장차 네덜란드를 찾은 사업가를 위한 발행물도 있다.

[텔레비전과 라디오]

네덜란드의 비영리 방송사는 중앙정부에서 재정보조를 받고 일부 금액은 광고로 충당하는 방식으로 운영되며, 네덜란드 방송공사NOS는 전국 텔레비전과 라디오 방송망을 총괄 감독한다. 공영방송은 3개의 텔레비전 채널과 5개의 라디오 채널, 이밖에도 다수의 주제별 채널을 감독한다. 모든 채널은 네덜란드 사회의 다양성과 각 공동체의 서로 다른 관심사를 반영하며 일부 상업 채널은 광고수익으로 운영된다.

라디오도 시간대별로 다른 이념의 프로그램을 방송해 사회의 다양성을 보여준다. 원래 이 시스템은 네덜란드 방송사의 저마다 다른 이념을 청취자에게 들려주기 위해 채택된 것이다. 하지만 최근 들어 각 방송사가 제작하는 프로그램은 그 내용만으로 방송사를 구분할 수 없을 정도로 엇비슷하다. 예외가 있다면 지극히 종교적인 메시지를 전달하는 기독교 복음주의 방송사인 EO 정도일 것이다.

　　케이블 채널에서는 영국, 프랑스, 독일, 벨기에, 이탈리아, 미국, 터키 등 다양한 나라의 프로그램을 방영하며 해외 라디오도 청취할 수 있다.

전화와 인터넷

네덜란드 인구의 대다수는 휴대전화를 사용한다. 주요 쇼핑거리에서 여러 통신사 매장이 들어서 있는 것을 볼 수 있듯 다수의 통신사가 네덜란드에 들어와 있다. 유럽연합 시민이 아니라면 휴대전화 가입이 거부될 수도 있다. 핸즈프리를 이용하지 않는 한 운전 중 휴대전화 사용은 불법이다.

전통적으로 KPN 텔레콤이 유선전화 시장을 독점했으나 이제는 다른 기업도 유선전화 서비스를 제공하기 시작해 요금이 저렴해졌다.

네덜란드의 국가번호는 31이고 각 지역별로 지역번호가 있다. 네덜란드에서 전화를 거는 법은 간단하다. 네덜란드에서 네덜란드 번호로 일반전화를 걸고 싶다면 '0+지역번호+전화번호'순으로 누른다. 한국에서 네덜란드로 일반전화로 걸 경우 '국제전화번호+31+(맨 앞자리 0은 생략)지역번호+전화번호'순으로 누르고, 휴대전화로 걸 경우 '국제전화번호+31+(맨 앞자리 0은 생략)휴대전화번호'순으로 누르면 된다. 네덜란드 내 전화번호 문의는 0900-8008로, 해외 전화번호 문의는 0900-8418로 한다.

기존에 동전을 사용하던 공중전화는 카드를 사용하는 공중전화로 대체되었다. 신용카드를 이용해 결제할 수 있지만 전화카드를 구입하는 편이 더 편리하다. 전화카드는 우체국, 신문가판대, 기차역에서 구입할 수 있다. 일부 우체국에서 공중 전화를 이용할 수도 있다.

네덜란드인들은 자기 이름을 말하며 전화를 받는다. 일반적으로 밤 10시 이후에는 전화를 길지 않는 게 좋으며 상대방이 아직 잠자리에 들지 않았더라도 당신의 전화가 그의 편안한 휴식을 방해할 수도 있다.

대부분의 인터넷 기업이 케이블 혹은 ADSL 인터넷 서비스를 제공 중이며 인터넷 연결상태는 매우 우수한 편이다.

우편

우체국PTT은 월요일부터 금요일은 오전 8시 30분부터 오후 5시까지, 토요일은 오전 8시 30분부터 정오 혹은 오후 1시까지 영업한다. 대부분의 우체국 직원은 우수한 영어를 구사하며 친절하게 당신을 도와줄 것이다. 우표는 신문가판대, 기념품점, 담배가게 등에서 구입할 수 있다. 우편함은 거리와 우체국 밖에 비치되어 있으며 해외 우편함과 국내 우편함이 구분되어 있다.

결론

네덜란드인들은 다재다능하다. 자립적이며 공정하고 기업가정신의 전통에 빛나는 민족으로, 다른 나라와 확연히 구분되는 특징을 갖는다. 네덜란드 사회를 폭넓게 살펴보기 위해 특정 상황에서 일반적으로 일어나는 상황을 살펴보았다. 물론 다른 사회와 마찬가지로 네덜란드 사회에도 다양한 하위문화가 있으니 이를 감안하고 읽기를 바란다. 오늘날의 네덜란드에는 전통적인 가치를 수호하며 사는 공동체와 세계화를 맞이해 해외에서 새로운 아이디어를 찾는 공동체가 공존한다. 인터넷과 기타 통신망의 발달도 이런 변화에 큰 영향을 미쳤다.

지금 네덜란드 사회는 거대한 국제문화라는 위협 아래 놓여 있고 일부는 전통적인 가치와 문화의 훼손을 염려하기도 한다. 하지만 대다수의 네덜란드인은 다양한 국적의 외국인을 환영한다. 다만 시류의 변화에 따라 이제 네덜란드에 정착하는 외국인은 이전 세대의 이민자보다 네덜란드 사회에 동화되기 위해 네덜란드어와 문화를 배우는 등 더 많은 노력을 기울여야 한다.

네덜란드의 전통적 가치인 공정과 정의는 전 세계에 의미하는 바가 크다. 그들의 천부적인 사업감각과 실용주의 정신은 세상의 발전에 크게 기여했다. 네덜란드인들의 호기심, 삶에 대한 열정, 진보와 보수의 균형이 없었다면 세상은 지금처럼 발전할 수 없었을 것이다. 열린 마음을 가지고 네덜란드에 방문한다면 새로운 시각과 활기 넘치는 문화를 즐기고 친절하고 적극적인 사람들에 둘러싸여 즐거운 시간을 보낼 수 있을 것이다.

Boucke, Laurie and Colin White. *The Undutchables—An Observation of the Netherlands: Its Culture and Inhabitants*. Colorado: White/Boucke Publishing, 2013.

Coates, Ben. *Why the Dutch are Different: A Journey into the Hidden Heart of the Netherlands*. London: Nicholas Brealey Publishing, 2017.

De Rooi, Maarten(author), Jurjen Drenth(illustrator). *New Visions of the Netherlands*(English version). Alphen aan de Rijn: Dutch Publishers, 2013.

Fuller, Mark(ed.). *Alphabet Soup—Decoding Terms in Dutch Business, Politics and Society*. Amsterdam/Antwerp: Business Contact/Het Financieel Dagblad, 2001.

Gazaleh-Weevers, Sheila, and Connie Moser and Shirley Agndo. *Here's Holland*. Delft: Eburon Academic Publishers, 2007.

Schama, Simon. *The Embarrassment of Riches: An Interpretation of Dutch Culture in the Golden Age*. London: Vintage, 1997.

Van der Horst, Han. *The Low Sky—Understanding the Dutch*. Schiedam: Scriptum, 2015.

Vossestein, Jacob. *Dealing with the Dutch: The Cultural Context of Business and Work in the Netherlands*. Amsterdam: Kit Publishers, 2015.

The American Women's Club of The Hague. *At Home In Holland: A Practical Guide for Living in the Netherlands*. Delft: Eburon Academic Publishers, 2009.

Dijkstra, Stephanie. *The Holland Handbook: Your Guide to Living in the Netherlands*. Schiedam: Scriptum, 2017.

Van Marle, Jeroen. *The Rough Guide to the Netherlands*. London: Rough Guides, March 2016.

Le Nevez, Catherine. *Lonely Planet–The Netherlands*(Travel Guide). London: Lonely Planet, 2016.

Le Nevez, Catherine, and Karla Zimmerman. *Lonely Planet Amsterdam*(Travel Guide). London: Lonely Planet, 2016.

유용한 웹사이트

www.expatica.com/nl

www.iamexpat.nl

www.expatfocus.com

www.angloinfo.com

www.access-nl.org

www.holland.com

www.nlplanet.com

www.iamsterdam.com

www.netherlands-tourism.com

www.dutchnews.nl

www.nltimes.nl

www.government.nl

www.cbs.nl/en

www.studyinholland.nl

www.molens.nl

www.volksuniversiteit.nl

www.ns.nl

www.amsterdamtips.com

www.stayokay.com

지은이

셰릴 버클랜드

셰릴 버클랜드는 네덜란드에서 16년 동안 거주한 영국인으로, 영국과 네덜란드의 다양한 공공기관과 민간조직에서 경영 트레이니와 경영학 강사로 일했다. 교육학과 사회과학으로 석사 학위를 취득했으며 영국 공인인력개발연구소(CIPD) 소속 연구원이다. 네덜란드에 거주하는 동안 네덜란드 문화에 푹 빠져 '문화동화', '네덜란드어 교사의 역할', '아동발달'을 주제로 연구를 수행했다. 이 기간 동안 영국 Open University Business School의 부교수로 재직했고, 네덜란드 Utrecht Hogeschool's Faculty의 경제경영학부에서 학부생을 대상으로 비즈니스 커뮤니케이션을 강의했다.

옮긴이

임소연

고려대학교 경영학과 졸업 후 이화여자대학교 통번역대학원을 졸업했다. 현재 번역 에이전시 엔터스코리아에서 출판 기획자 및 전문 번역가로 활동하고 있다. 옮긴 책으로는 『세계 문화 여행: 그리스』, 『세계 문화 여행: 쿠바』, 『세계 문화 여행: 이탈리아』, 『세계 문화 여행: 중국』, 『니체라면 어떻게 할까?』, 『그림으로 보는 세계의 뮤지컬』, 『100가지 상징으로 본 우주의 비밀』 등 다수가 있다.

세계 문화 여행 시리즈

세계 문화 여행_일본

폴 노버리 지음 | 윤영 옮김
216쪽

세계 문화 여행_중국

케이시 플라워 지음 | 임소연 옮김
240쪽

세계 문화 여행_터키

샬럿 맥퍼슨 지음 | 박수철 옮김
240쪽

세계 문화 여행_포르투갈

샌디 구에데스 드 케이로스 지음
이정아 옮김 | 212쪽

세계 문화 여행_몽골

앨런 샌더스 지음 | 김수진 옮김
268쪽

세계 문화 여행_스위스

켄들 헌터 지음 | 박수철 옮김
224쪽

세계 문화 여행_베트남

제프리 머레이 지음 | 정용숙 옮김
224쪽

세계 문화 여행_이탈리아

배리 토말린 지음 | 임소연 옮김
246쪽

세계 문화 여행_스페인

메리언 미니·벨렌 아과도 비게르 지음
김수진 옮김 | 252쪽

세계 문화 여행_홍콩

클레어 비커스·비키 챈 지음
윤영 옮김 | 232쪽

세계 문화 여행_쿠바

맨디 맥도날드 · 러셀 매딕스 지음
임소연 옮김 | 254쪽

세계 문화 여행_그리스

콘스타인 부르하이어 지음
임소연 옮김 | 248쪽

세계 문화 여행_뉴질랜드

수 버틀러 · 릴야나 오르톨야-베어드 지음
박수철 옮김 | 224쪽

세계 문화 여행_이스라엘

제프리 게리 · 메리언 르보 지음
이정아 옮김 | 224쪽

세계 문화 여행_멕시코

러셀 매딕스 지음 | 이정아 옮김
262쪽

세계 문화 여행_오스트리아

피터 기에러 지음 | 임소연 옮김
232쪽

세계 문화 여행_헝가리

브라이언 맥린 · 케스터 에디 지음
박수철 옮김 | 256쪽

세계 문화 여행_덴마크

마크 살몬 지음 | 허보미 옮김
206쪽

세계 문화 여행_노르웨이

린다 마치 · 마고 메이어 지음
이윤정 옮김 | 228쪽

세계 문화 여행_싱가포르

앤절라 밀리건 · 트리시아 부트 지음
조유미 옮김 | 212쪽